현직 상담심리사가 알려주는 든든한

심리상담 진로가이드북

현직 상담심리사가 알려주는 든든한

심리상담 진로가이드북

ⓒ 희우 · 달릿, 2022

초판 1쇄 발행 2022년 10월 15일

지은이	희우 · 달릿
일러스트	희우
캘리그라피	무늬셜
펴낸이	이기봉
편집	좋은땅 편집팀
펴낸곳	도서출판 좋은땅
주소	서울특별시 마포구 양화로12길 26 지월드빌딩 (서교동 395-7)
전화	02)374-8616~7
팩스	02)374-8614
이메일	gworldbook@naver.com
홈페이지	www.g-world.co.kr

ISBN   979-11-388-1311-2 (03190)

현직 상담심리사가 알려주는 든든한

심리상담 진로가이드북

희우 · 달릿 공저

수련 및 자격 취득, 그리고 다양한 실무 이야기

심리상담사 진로 및 심리상담 현장에 대한 정보 모음

좋은땅

chapter 4	심리상담사 수련 과정

chapter 6	현직 심리상담사 인터뷰

<table>
<tr><td>chapter 7</td><td></td></tr>
</table>

chapter 7

심리상담 서비스 이용자들을 위한 꿀팁

이 책을 펼쳐 보았을 독자 분들은 아마 심리상담 진로에 이제 막 관심을 갖기 시작했거나, 어떻게 하면 전문적인 심리상담사가 될 수 있을지 구체적인 진로와 방법에 대해 고민하시는 분들이리라 생각됩니다. 주변에서 많은 도움을 얻기 어려운 상황에 놓여 막막한 분들도 계실 것입니다.

저자도 비슷한 경험을 했기에 상담심리 진로에 대해 막연한 감정을 느끼는 분들의 마음을 이해할 수 있습니다. 제가 임상심리대학원에 다닐 때, 대학원 수업을 들으며 심리평가와는 다른 심리상담 영역의 매력과 보람에 빠져들었습니다. 그래서 임상심리사와 상담심리사의 길을 함께 걷고자 마음먹었습니다. 하지만 당시 임상심리와 상담심리의 길을 동시에 가고자 하는 분들이 많지 않았습니다. 주변에 거의 임상심리만을 전공으로 하는 동료들이 대다수인 상황에서, 혼자서 상담심리사로 나아갈 준비를 하다 보니 자격 취득 과정에서 막히는 것 투성이었습니다.

그 과정 중 도움을 주신 많은 분들과 관련 자료들이 있었지만 심리 상담사가 되기 위한 체계화된 루트나 구체적인 지식은 쉽게 구하기 어려웠습니다. 예를 들어, 온라인 수련 수첩을 어떻게 작성하면 되는지, 수퍼바이저 선생님은 어떻게 섭외해야 하는지 하나하나 시행착오를 겪었습니다.

더불어, 심리상담이라는 단어의 남용과 함께 다양한 민간자격들이 존재하고 있어 이 길을 가고자 하는 사람들에게 혼란을 주기도 합니다. 어떤 자격이 실무에서 쓰이고 통용되는 자격인지 제대로 된 가이드가 없는 상황에서는 심리상담사로서 확신을 갖고 한 발 한 발 내딛기에 불안정함이 많습니다. 따라서 이 길을 걸으며 알게 되었던 지식과 경험을 녹아 내어 예비 심리상담사 분들을 위한 작은 등대 역할을 하고 싶습니다.

이 책이 꼭 필요한 책이라는 주변의 응원으로 용기를 내어 조심스럽게 한 글자씩 책을 써내려 갔습니다. 자신만만한 심리상담사가 아닌, 시행착오도 있고 한 땀 한 땀 천천히 엮어 낸 심리상담사의 경험담과 조언, 회고록으로 봐 주시면 감사하겠습니다. 상담심리사 2급 취득까지의 개인적인 기록들을 다시 꺼내 보면서 독자들에게 전하고자 합니다. 또한 진로에 대한 정보뿐 아니라 대략적인 심리상담이라는 분야 자체에 대해 궁금한 분들이 도움을 얻을 수 있는 정보도 포함하여 정리하였습니다. 정보는 출처와 함께 최대한 객관성을 유지한 상태에서 제시하기 위해 노력했으며, 다양한 노하우, 저자의 경험을 통한 개인적인 견해를 잘 아우를 수 있게 많은 고민을 하고 자문을 구했습니다.

되돌아보았을 때, 임상심리전문가 수련 중에 상담심리사 수련을 병행하는 것은 시간과 노력이 많이 필요한 고된 일이었지만, 오랜 시간 끝에 목표로 하는 자격들을 모두 취득했습니다. 저자는 임상심리전문가, 정신건강임상심리사이며, 한국상담심리학회 상담심리사 2급을 취득하고 1급 수련 중에 있는 심리상담사입니다. 또한 청소년상담사이기도 합니다. 제 직업적 정체성 중 임상심리전문가와 더불어 심리상담사라는 소중한 파트가 자리 잡아 가고, 심리상담사로써 더욱 성장하는 느낌을 점차 받고 있습니다. 여러분도 노력의 끝에 보람된 결실이 찾아오기를 바라고 응원하겠습니다.

본문으로 들어가기 전에 용어 정리를 먼저 하겠습니다. 이 책에 자주 사용한 용어로 '심리상담사'와 '상담심리사'가 있습니다. 심리상담사라는 용어는 동명의 민간자격명이 있지만 심리상담을 다른 상담 영역과 구분할 필요가 있으므로 '직업으로 심리상담을 실시하는 사람'을 통칭하여 심리상담사라 부르겠습니다. 상담심리사라는 용어는 한국상담심리학회 발급 자격인 '상담심리사'라는 자격명으로 한정해서 정리했습니다.

chapter 1

심리상담사가 되기 위해서
알아야 할 것들

심리상담

1) 심리상담이란 무엇일까요?

우리의 일상에서 상담은 쉽게 접해 볼 수 있습니다. 고등학교와 대학교에 진학하기 위해 진학 상담을 받기도 하고 스마트폰을 교체하기 위해서 전화를 이용해 고객센터에서 서비스 상담을 받기도 합니다. 상담(counselling)이란 도움을 필요로 하는 사람과 도움을 줄 수 있는 사람 사이의 개별적인 관계를 통하여 새로운 학습이 이루어지는 과정입니다(정원식, 박성수. 1978). 예를 들어, 기업에서 고객들을 대상으로 하는 고객상담, 고용센터에서의 직업상담과 같이 여러 분야에서 쓰이고 있으며 학교에서 또래들 사이에 이뤄지는 고민상담도 결국 같은 의미에서 상담이라는 용어가 사용됩니다.

심리학 분야에서 상담이라 함은 대부분 심리상담을 말하지만 상담은 다양한 분야에서 활용됩니다. 이 책에서 다루고자 하는 내용은 상담 전반적인 분야보다는 심리상담이라는 전문화된 분야에 국한되어 있습니다. 그렇다면 심리상담은 어떻게 정의하면 좋을까요? 학자에 따라 심리상담의 정의는 다소 다를 수 있습니다. 우선, 대중들에게도 내담자 중심의 상담방법을 고안한 학자/심리상담사로 유명한 로저스는 '심리상담이란 치료자와의 안전한 관계에서 자아의 구조가 이완되어 과거에는 부정했던 경험을 자각해서 새로운 자아로 통합하는 과정'이라고 했습니다(Rogers. 1951). 셸처와 스톤은 '심리상담은 자기와 환경에 대한 의미 있는 이해를 촉진시키고, 장래의 목표나 가치관을 확립해서 명료화하도록 하는 상호작용의 과정'이라고 명명했습니다. 최근의 연구에서 카틀러와 셰퍼드(Kottler&shepard, 2015)는 '심리상담은 고유한 역사와 표준을 갖고 있는 전문 영역으로 비교적 정상적으로 기능하는 개인들, 즉 발달 문제 또는 적응 문제를 경험하고 있는 사람들과 함께하는 활동'이라 정의하고 있습니다.

요약하자면, 심리상담은 도움을 필요로 하는 사람과 심리상담 전문가가 상담 관계를 맺고, 당면한 문제 해결을 추구할 뿐만 아니라 문제가 심각해지는 것을 예방하고, 상담 경험을 통해 심리적인 측면에서의 발달과 성장을 이루어 가는 과정이라고 정의할 수 있습니다.

2) 심리치료와 심리상담

우리나라에서 전문가가 아닌 대중들은 심리치료와 심리상담을 구분하기가 쉽지 않습니다. 심리상담사 사이에서도 다양한 의견이 존재합니다. 심리치료와 심리상담의 차이를 아래 표에 정리해 보았습니다.

심리치료	심리상담
병원과 같은 정신과적 임상장면에서 비교적 심각한 심리적 문제, 즉 심리장애나 정신질환을 지닌 사람을 치료하는 활동.	학교나 기업과 같은 비임상 장면에서 비교적 심각성이 경미한 심리적 문제나 적응 과제를 돕는 활동.

서울대학교 심리학과 권석만 교수님의 저서인 『현대심리치료와 상담이론(2012)』에서 나온 문구가 최근의 심리상담과 심리치료 현장의 상황을 말해 주는 것 같아 인용해 보고자 합니다.

"국가기관이나 공신력 있는 단체로부터 전문적 교육과 훈련을 받고 규정된 심사 과정을 통해서 전문가로서의 능력을 인정받은 사람이 심리적 문제나 장애를 지닌 사람을 돕는 전문적 활동의 경우에는 심리치료와 심리상담이라는 용어를 구별 없이 호환적으로 사용하고자 한다."

3) 심리상담의 기본 요소

심리상담에 대한 전문적인 지식을 갖추고 수련을 받아 자격을 갖추고 있는 '상담자', 상담을 하기 위해 방문하는 '내담자', 그리고 이들 사이에서 이루어지는 '상호 작용'. 이렇게 심리상담은 크게 내담자, 상담자, 그리고 상호 작용의 세가지 요소로 나누어 살펴볼 수 있습니다.

내담자	스스로 해결할 수 없는 심리적 문제나 장애를 지니고 전문적 도움을 요청하는 사람
상담자	내담자에게 실질적인 도움을 줄 수 있는 전문적인 지식과 능력을 갖춘 전문가
상호 작용	언어를 중심으로 한 심리적 수단에 의한 치료적 상호 작용으로, 상담자가 내담자를 향한 일방적 방식이 아닌 내담자와 상담자의 상호 작용의 관계가 치료의 경과에 상당한 영향을 미치는 것으로 알려져 있음.

〈출처: 『현대 심리치료와 상담 이론』, 2012〉

4) 심리상담은 누가 할 수 있나요?

점차 많은 사람들에게 심리상담은 생활 가까이 다가오고 있습니다. 그러나 아직까지도 어떤 자격을 갖춘 전문가에게 심리상담을 받으면 되는지 몰라 충분히 검증되지 않은 곳을 찾는 경우가 많습니다.

종종 전문적인 자격을 갖추지 않은 분들에게 상담을 받고 나서, 심리상담에 대한 첫인상이 안 좋아지거나 심리상담의 효과에 대해 냉담해지기도 하고, 심지어는 비전문 상담자의 언행에 크게 상처를 받아 다시는 심리 상담을 받지 않겠다고 다짐했다는 분들도 계십니다. 비전문성이 만들어 내는 정말 안타까운 경우들이 상당히 많이 존재합니다.

그렇다면 심리상담을 실시할 수 있는 자격 또는 직업군은 어떻게 될까요?

> 상담심리사, 임상심리전문가, 정신건강임상심리사, 전문상담사, 전문상담교사, 정신과 의사, 청소년상담사 등

다소간의 이견이 존재할 수 있겠으나, 넓고 포괄적인 범위에서 대략적으로 표에 나와 있는 전문가 분들을 일차적으로 생각해 볼 수 있겠습니다. 심리학 전공 기반의 심리상담사들 외에도 다양한 학문적 배경을 가진 심리상담사들이 현장에서 활동하고 있습니다.

심리상담을 직업으로 삼고자 하는 분들을 위해 심리상담 실시 주체에 대한 이야기를 해 보고자 합니다. 심리상담사로 활동하고 있는 저자들도 심리상담의 실시 주체에 대해서 어떻게 명료하게 이야기해야

하는지 고민이 많습니다. 왜냐하면, 자격을 엄격히 관리하는 미국과 유럽 일부 나라들과 달리, 아직까지 우리나라에서는 법적으로 심리 상담을 할 수 있는 자격의 제한을 크게 두고 있지 않습니다. 따라서 다양한 심리상담 관련 민간자격증이 존재하며, 국가자격증 중에서도 현장 경험을 많이 요구하지 않는 자격들이 있습니다. 이로 인해 '심리상담' 서비스를 제공하는 주체가 모호해지고, 저하된 전문성의 선택지가 늘어남에 따라 피해는 고스란히 전문성에 대한 정보가 부족한 내담자들에게 가게 됩니다.

이와 더불어 심리상담을 직업으로 삼고 싶어서 큰 금액과 시간을 들여 민간자격을 취득하였지만, 취득 이후 전혀 해당 자격을 취업에 활용하지 못하는 안타까운 경우도 많습니다. 또한 이러한 과정 중 심리학계에서 통용되지 못하는 과학적 근거가 부족한 내용에 대한 교육이 주를 이루어 불만스러웠다는 분들을 주위에서 쉽게 찾아볼 수 있었습니다. 이러한 안타까운 경우들은 결국 비전문성, 비과학의 모호함이 빚어낸 사각지대로 인한 것이라고 볼 수 있겠습니다.

심리학회에서 관리하는 자격증인 한국상담심리학회 상담심리사, 한국임상심리학회의 임상심리전문가, 보건복지부의 정신건강임상심리사 자격은, 취득을 위해 일정 학력과 수련 과정 및 심사 과정을 거쳐야 하는 전문성이 확보된 자격입니다(상담심리사와 마찬가지로 수년 간의 수련 과정을 통해 심리상담에 대한 전문성을 보유하고 있는 자격으로 '임상심리전문가'와 '정신건강임상심리사'가 있습니다. 전작인 『현직 임상심리사들이 알려주는 생생한 임상심리사 진로가이드북』에서 자세히 다루었기 때문에 이 책에서는 상담심리사의 이야기 위주로 담아 보겠습니다.).

심리상담을 직업으로 삼기 위해서 다양한 직업과 자격을 고려해 볼 수 있겠습니다만, 임상심리전문가와 정신건강임상심리사는 심리상담, 심리치료에 더해 정신병리나 심리평가 등에 대한 수련의 비중이 큽니다. 따라서 상담만을 하려고 생각했던 분들의 경우, 병원 장면에서 수련을 받는 것이 부담으로 다가오거나, 목표로 했던 업무의 결이 다르다고 느끼게 될 수도 있습니다. 예를 들면, 어렵사리 경쟁을 뚫고 임상심리전문가 수련 과정에 들어갔으나 '나는 심리상담만을 하고 싶은데, 왜 수련 과정 중에 정신과 병동에 가야할까? 개인 상담을 할 시간이 부족하네. 심리상담의 비중이 더 컸으면 좋겠네.'라고 느낄 수도 있습니다. 따라서 저자는 '심리상담'만을 전제로 했을 때, **한국상담심리학회**에서 관리하는 자격 취득을 권합니다.

상담심리사 자격 취득을 권하는 이유는 다음과 같습니다. 우선, 한국심리학회 분과학회인 한국상담심리학회에서 공인하는 자격입니다. 둘째, 대학원 과정이 요구되기 때문에, 대학원에서 심리상담과 관련한 연구 능력을 키우고 심리상담 실습을 병행하며 전문성을 쌓을 수 있습니다. 셋째, 학력 조건에 더해서, 상담 수련 감독자의 지도하에서 이루어지는 최소 1년 이상의 수련 과정이 요구됩니다. 한국상담심리학회 상담심리사 2급 이상의 상담자라면 자격만으로도 내담자를 만나기 위한 준비가 되었다고 볼 수 있습니다.

2

심리상담사가 되기 전 미리 점검해 볼 것

1) 사람들을 만나는 것, 적성에 맞으신가요

   심리상담과 관련한 업무를 살펴보면 행정, 연구, 예산 업무 등도 있지만 당연스레 가장 많은 비중을 차지하는 것은 내담자를 만나는 것과 같이 사람을 상대하는 일입니다. 심리상담사도 사람이기 때문에 사람을 대하는 것에서 오는 스트레스를 느끼게 됩니다.

   심리상담사는 자신의 사적인 일로 스트레스를 받을 때에도 내담자를 만나야 하는 경우가 생깁니다. 평소 사람을 만나면서 감정적 영향을 크게 받고, 이로부터 회복을 잘하지 못하는 경향이 있다면 여러 가지 문제와 소진이 필연적으로 뒤따라오게 됩니다. 사람을 마주하고 이야기를 하는 것 자체에 스트레스를 느끼는 분들도 있을 수 있겠습니다. 이러한 분들의 경우 자신의 한계를 스스로 인지하고 자신이 만나는 내담자 분들의 수를 제한하여 관리하는 등 소진되지 않기 위한 자신만의 방안을 마련해 두어야 합니다.

2) 왜 심리상담사가 되고 싶은지 생각해 보기

진로를 탐색하고 실행하는 과정에서 진로에 대한 동기를 이해하는 것은 목표 달성을 향한 꾸준함에 힘을 더해 주고, 장애물을 극복하는 데 도움이 됩니다.

심리상담 전공자들을 대상으로, 상담자가 되려는 동기를 조사한 한 연구가 있습니다(방기연, 2013). 연구에 의하면 다음의 세 요인이 가장 많은 동기 요인이었다고 합니다.

1) 타인을 돕고자 하는 마음, 2) 자신의 문제를 해결하고자 하는 마음, 3) 향후 전문직으로의 비전.

심리상담사가 되기를 희망하는 분들은 자신이 어떤 이유로 인해 심리상담사가 되고 싶은지 면밀히 탐색해 보는 것이 좋겠습니다. 향후 심리상담사라는 소중한 꿈을 이루는 과정에서 역경이 닥쳐도 동기를 기억해 내며 이겨 낼 수 있을 것입니다.

한편, 자기 자신의 마음이 힘든 상태에서 자연스레 심리학에 관심을 가지게 되고, 진로까지 고려하게 되는 경우도 있습니다. 상담자가 되는 것은 많은 인내와 노력, 시간, 비용, 공부를 필요로 하는 일입니다. 그렇기에 자신의 심리적 아픔을 치료하기 위한 것이 유일한 목적이라면 꼭 모든 지식을 갖춘 심리상담자가 되는 것 보다는 내담자로서 심리상담서비스를 받는 것이 빠른 방법일 수도 있습니다.

따라서 심리상담 진로를 시작하려고 하는 분들께 어디서든 심리상담을 먼저 받아 보라고 권해 드립니다. 심리상담을 꾸준히 받고 나서 자신의 심리적 아픔이 덜해지고 난 후에 심리상담사가 되고 싶은 욕구를 다시 한번 확인하는 것이 도움이 될 수 있겠습니다. 그리고 나서도 심리상담사가 되고 싶다고 생각이 든다면 진심으로 심리상담사의 길을 가는 것을 추천해 주고 싶습니다

3) 꿈을 이루는 과정에서 발생하는 비용

학비와 같은 금전적인 부분을 이야기 하는 것은 다소 안타까운 부분이지만, 진로의 관점에 있어서는 무시할 수 없는 포인트가 됩니다. 전작인 『현직 임상심리사들이 알려주는 생생한 임상심리사 진로가이드북』에서도 임상심리사가 되기 위해선 대학원 학자금, 워크샵 비용 등으로 많은 지출이 생긴다는 것을 언급했습니다. 상담심리사 수련을 위

해서는 여기에 더해 자신의 상담 사례에 대해 지도를 받는 수퍼비전 비용, 집단 상담 참가비 등이 필수적으로 발생합니다. 상담자에 따라서는 교육 분석(심리상담사가 개인적, 전문적 목적으로 심리상담을 받는 것)비도 추가됩니다.

학부를 졸업하고 바로 대학원을 입학하는 경우, 이러한 비용을 본인의 벌이로 온전히 감당하기가 어려운 경우들도 생깁니다. 따라서 상담심리사 2급을 취득하기 위한 예상 비용 중 일정 부분을 미리 모으고 진로를 시작하는 방법도 있습니다. 또한 정규직 직장을 가지게 되더라도 아주 특출한 정도의 높은 페이의 자리는 한정되어 있는 경향이 있기에 심리상담사로서의 진로를 탐색하시는 분들은 자신의 경제적인 가치관에 대해 미리 한 번쯤은 충분히 숙고해 보셔야 되겠습니다.

4) 꾸준한 역량 관리의 필요성: 자격이 모든 것을 해결해 주지 않습니다

전문성을 증명할 수 있는 여러 자격이 있습니다. 이러한 자격증을 가진 사람들은 심리상담사로서 필요한 기본적인 지식, 경험, 직업 윤리를 갖추고 있음을 증명받는 것입니다. 말 그대로 자격증은 심리상담을 하기 위한 주춧돌입니다. 주춧돌 위에 심리상담사의 개인의 인격, 태도, 전문 영역의 경험 등 다른 돌들이 쌓여 가는 것이기 때문에 자격 취득 외에도 심리상담사로서 자신을 관리하는 등의 추가적인 노력이 꾸준히 필요하겠습니다.

지식과 실무 경험에 대한 학습량 자체만으로 심리상담을 잘 할 수 있다면 과학기술이 좀 더 발전할 미래에는 인공지능을 탑재한 로봇이 가장 좋은 심리상담사가 될 수 있을 것입니다. 하지만 좋은 심리상담사는 자신의 생각, 감정, 신체의 느낌, 자신의 행동 기제에 대한 통찰을 가지고 있습니다. 이를 위해 심리상담사 수련 중 교육 분석 등을 통하여 자신을 갈고닦는 연습을 해야 합니다.

5) 심리상담사 윤리를 내재화하는 것의 중요성

심리상담사를 향한 길을 가다 보면 대학원 또는 학회 학술대회에서 윤리 교육을 받게 되는데요, 윤리 교육 수업을 시작하기 전에 강사님께서 어떻게 이 과목을 지루하지 않게 교육할 수 있을까 하는 고민을 털어놓으시기도 합니다. 강사님의 이런 고민은 아마도 윤리 교육에 대한 청중의 흥미도가 크지 않다는 염려에서 오신 것이겠지요. 그럼에도 윤리 교육에 대한 필요성은 매년 강조되고 있어 몇 년 전부터는 상담심리사 2급 취득 자격 이상에서는 필수적으로 매년 윤리 교육을 이수를 해야 자격 유지가 되는 방향으로 정착되어 가고 있습니다.

그렇다면 심리상담사의 윤리라는 것이 도대체 무엇일까요? 한국상담심리학회 상담심리사 윤리 규정에서 "상담심리사는 내담자의 복지를 최우선 순위에 두고 이를 추구하기 위해 상담심리사는 전문성, 성실성, 사회적 책임, 인간 존중, 다양성 존중의 윤리 원칙을 따라야 한다."고 명시하고 있습니다.

윤리 교육이 지속적으로 강조되고 있는 이유는, 윤리가 심리 상담의 가장 밑바탕이 되는 기본이며, 직업과 자격에 대한 신뢰를 좌우할 수 있기 때문입니다. 잊을 만하면 내담자들에게 피해를 주는 심리상담사에 대한 기사가 보도됩니다. 기사에 나온 가해자 상담자 중 상당수가 명료하지 못한 비전문적인 자격을 가지고 있음에도 불구하고 이런 기사를 접할 때 '심리상담'의 이름을 내걸고 실시되는 상담의 전문성 유지에 대해 통감합니다. 그리고 힘든 상황에서 용기를 내 상담자를 찾았음에도 또다시 내담자가 받았을 고통이 안타깝습니다. 심리상담사로서 보호해야 하는 대상인 내담자에게 반대로 피해를 주는 것은 또다른 심리적 외상과 배신의 경험을 내담자에게 주는 것입니다. 앞으로심리상담사 윤리는 더 복잡해지고 강화될 것입니다.

3

상담 및 심리치료와 관련한 직업들은 무엇이 있을까요? 각각의 차이와 특색

현장에서 활동하는 심리상담사들을 분류해 보았을 때 각각 다른 특성의 현장에서 일을 하고 있는 심리상담 관련 직업군으로 크게 심리상담사, 임상심리사, 전문 상담교사 등으로 나누어 볼 수 있습니다.

1) 심리상담사(상담심리사 · 전문상담사)

주로 내담자의 일반적인 적응의 문제와 관련하여 심리상담을 진행합니다. 일반적으로 현장에서 구인을 위해 가장 많이 쓰이고, 심리학 관련 전공자들이 주로 취득을 목표로 하는 자격은 한국상담심리학회 **상담심리사**와 한국상담학회 **전문상담사**로 볼 수 있습니다. 보통 심리학 또는 교육학 등의 상담 관련 석사 학위를 취득하고 1년~3년의 수련과정을 통하여 2급 또는 1급(전문가)의 자격을 취득하여 활동합니다. 자격을 취득하고 나서 활동할 수 있는 영역은 청소년, 기업, 대학교 상담, 군 상담 등 다양합니다. 최근에는 정신건강 영역에서 정신과 환자 대상 상담 및 심리치료도 늘어나고 있는 추세입니다. 자격에 대한 세부설명은 뒷 부분에 자세히 설명되어 있습니다.

2) 임상심리사(정신건강임상심리사 · 임상심리전문가)

국가에서 심리상담을 할 수 있는 주체로 명시된 자격이 있습니다. 바로 **정신건강임상심리사**입니다. 보건복지부 정신건강요원 중 한 직역으로, 주로 심리학 전공자들이 취득하는 자격증입니다. 정신건강전문요원의 업무범위(시행령 제12조 제2항 별표2)를 보면 정신건강임상심리사의 개별 업무 중 하나로 '정신질환자 등과 그 가족에 대한 심리 상담 및 심리 안정을 위한 서비스 지원'을 명시하고 있습니다. 수련 과정에도 상당한 시간의 심리치료 및 수퍼비전 시간을 충족해야 할 것을 요구하고 있습니다. **임상심리전문가**는 한국임상심리학회에서 관리하는 전문적인 민간 자격입니다. 과거부터 정신과 병 · 의원에서 심리치료를 진행해 왔으며 점차 활동 범위가 확장되어 공공기관, 기업 내 상담실, 사설 상담센터 개업을 하는 등 현장에서 많은 상담 활동을 하고 있는 임상심리전문가, 정신건강임상심리사들을 만나볼 수 있습니다.

3) 전문 상담교사

전문 상담교사는 학교에서 심리상담을 전문적으로 하는 교원입니다. 교사이지만 상담사로서 심리상담사의 일도 할 수 있기에 심리상담사와 교사의 장단점을 함께 가지고 있는 직업이라고 할 수 있습니다. 가장 큰 장점으로는 교사의 신분이기 때문에 학교에서 근무하는 교육공무원으로서 직업적·안정성을 누릴 수 있다는 점이 있습니다. 전문상담교사 자격을 취득하여 학교에서 일하게 되면 자발적으로 그만두지 않는 한 교육부 소속 공무원으로서 직업 생활을 이어나가는 것입니다. 연금 납입 기간을 충족할 만큼 근무 기간이 길면 퇴직 후의 연금도 받을 수 있게 됩니다. 대부분의 상담 관련 근무지는 안정적인 고용이 잘 되지 않고 있다는 동료 상담사들의 아쉬움의 목소리가 존재하는데, 심리상담사로 정체성을 가지고 있으면서도 안정성을 획득할 수 있다는 것이 전문 상담교사의 아주 큰 장점입니다. 다만 학교에서 거의 혼자 심리상담을 전담하고 있기 때문에 전문적인 심리상담 논의를 할 동료나 상급자가 없는 경우가 있습니다. 또한 학교 내 상담실인 위클래스 및 교육청 산하 위센터 등에서 근무를 하기 때문에 주 내담자가 학교의 학생이라는 점에서 다양한 연령대의 내담자를 만나기는 어려운 특수한 업무 환경이 어떤 심리상담사들에게는 다소 적성의 영향을 많이 받는 업무 공간으로 다가올 수 있겠습니다.

상담교사가 되기 위해서는 심리학과 교직 이수 또는 교육대학원을 나와야 합니다. 학부 과정 중 교직 이수는 경쟁률이 상당히 치열한 것으로 알려져 있기에, 상담교사가 되고자 희망하시는 분들은 상담 관련 교육대학원 진학을 선택하는 경우가 많은 경향이 있습니다.

교육대학원에는 전문 상담교사를 양성할 수 있는 전공들이 개설되어 있습니다. 전문 상담교사 1급은 요구 조건이 세밀하기 때문에 전문 상담교사 2급 과정을 일차적 목표로 진학하시는 분들이 상당수 계십니다. 전문 상담교사 2급을 취득하고 나면 사립학교 교원으로 임용될 수 있는 조건이 됩니다. 그렇지만 많은 수의 전문 상담교사 2급 취득자 분들은 임용고시를 통하여 국·공립 학교의 상담교사가 되기를 목표로 하고 있습니다. 아래 표에 2019년 기준 전문 상담교사 2급 양성과정 실치 교육대학원 목록이 있으니 참고하시기 바랍니다.

몇 년 사이에 전문 상담교사 인기가 높아졌습니다. 주변에서도 저자에게 전문 상담교사에 대해 물어보거나 조언을 구하는 분들이 많아지는 것을 보며 체감하고 있습니다. 여러 가지 장점이 있으나 최근 정책에 따라 전문 상담교사를 많이 선발하는 분위기도 작용한 것 같습니다. 앞으로의 전문상담교사 선발 인원수에 대한 명확한 예측은 어렵지만 전망을 지켜보고 안정성과 심리상담사로서의 정체성을 모두 원한다면 전문 상담교사로 도전해 보는 것도 충분히 좋은 선택일 수 있겠습니다.

	대학원	형태	전공명	지역
국립	강원대	계절·야간	학교상담	강원
	경북대	야간	상담심리전공	대구
	공주대	계절	상담심리전공	충남
	부산대	야간	학교상담전공	부산
	서울대	주간	교육상담전공	서울
	전남대	계절	상담심리전공	광주
	제주대	야간	상담심리전공	제주
	창원대	야간	상담심리전공	경남
	충남대	계절	상담교육	대전
	경남대	야간	상담심리	경남
	고려대	야간	상담심리교육전공	서울
	국민대	계절·야간	상담심리전공	서울
	단국대	야간	상담심리	경기
	대구카톨릭대	계절·주간	상담심리전공	경북
사립	대구대	계절	상담심리	경북
	동국대	야간	상담심리전공	서울
	서강대	야간	상담심리전공	서울
	수원대	야간	상담교육	경기
	숙명여대	야간	상담심리전공	서울
	신라대	야간	상담심리전공	부산
	아주대	야간	상담심리	경기
	연세대	-	상담교육전공	서울
	영남대	계절·주간	상담심리	경북
	우석대	계절	상담심리	전북
	이화여대	야간	상담심리	서울
	인제대	야간	교육학(상담심리)	경남
	인하대	야간	상담심리	인천
	한국외대(서울)	야간	상담심리전공	서울
	한양대	야간	상담심리전공	서울

〈2019년 전문상담교사 2급 양성 과정 설치 교육대학원 목록/출처: 교육부 홈페이지〉

chapter 2

심리상담사 진로 준비

1

청소년기부터 심리상담사 진로를 준비하는 법: 심리상담사가 되고 싶은데, 저는 아직 청소년이에요

1) 대학교 심리학과 또는 교육학과 등 상담 관련 학과 진학을 목표로 공부하는 것

청소년 친구들이 반짝거리는 눈을 보이며 '상담 심리사가 되고 싶어요. 진로에 도움을 줄 만한 것이 있을까요? 지금 당장 할 수 있는 것이 궁금해요.'라며 물을 때, '걱정 마세요. 심리학과를 가면 진로의 절반은 다 해결되어요.'라는 이야기를 한다면 너무 시시하게 들릴 수도 있을 것 같네요. 전문적인 심리상담사가 되기 위해서는 상담 관련 학사 학위 이상의 학력이 필요합니다. 물론 고등학교만 졸업 후 대학 진학을 선택하지 않은 분들 중에서도 당연히 심리상담사로서 좋은 잠재력을 가지고 있는 사람들이 분명 계십니다. 이런 분들은 학창 시절 친구들의 이야기를 경청하고 좋은 해결책도 제시해 주고, 친구들로부터 심리상담사라는 별명도 붙게 되며, 심리상담을 향한 꿈을 키우고 계셨을 수도 있겠습니다. 확실히 이런 분들은 심리상담사로서 좋은 자원을 가지고 있을 수 있습니다. 고등학교 졸업 후 곧이어 상담 관련 직업을 탐색하는 방법도 존재할 수 있겠으나 이러한 좋은 자원을 직업이라는 보석으로 탈바꿈하기 위해서 조금 더 갈고닦아야 할 필요성이 있겠습니다.

물론 상담 관련 학과 출신이 아니어도 상담 관련 대학원 진학을 통해 심리상담사가 될 수 있습니다. 그렇지만 아직 중·고등학생이며, 여타 진로에 대한 탐색보다도, 특정한 이유로 인해 상담심리사가 되고 싶은 강한 확신이 든다면 차근차근 단계를 밟아 심리학과 관련한 지식과 경험을 얻을 수 있는 '심리학과'라는 조건을 긍정적으로 고려해 보았으면 합니다. 심리학과 또는 관련 학과, 교육학과 진학을 하여 지식과 경험, 심리상담사로서의 멘토들을 만나면서 성장을 하는 것이 만족감을 높여 줄 선택지가 될 것입니다.

2) 또래상담사 경험해 보기

우리나라의 대표적인 청소년 상담 연구 기관인 여성가족부 산하 한국청소년상담복지개발원에서 1994년에 또래상담 훈련 프로그램을 개발하면서 전국 초·중·고에서 또래상담 제도가 운영되고 있습니다. 또래상담은 일정한 훈련을 받는 청소년이 자신의 경험을 바탕으로 어려움을 호소하는 다른 또래를 지지하고 지원하는 과정을 통해 또래가

지니고 있는 고민이나 문제를 해결하도록 돕는 것입니다. 표준 양성프로그램은 아래의 표와 같습니다. 연구 결과에 의하면 또래 상담은 또래 상담자와 또래 내담자 모두에게 긍정적인 영향을 미치는 것으로 보입니다. 또래 상담자로서 훈련을 받고 직접 또래 내담자를 경험해 봄으로써 심리상담사로서의 자신의 적성을 미리 파악해 볼 수 있을 것입니다. 자세한 내용은 한국상담복지개발원 주요사업-청소년폭력예방지원사업 페이지 (https://www.kyci.or.kr/userSite/sub02_4.asp)에서 확인할 수 있습니다.

분류	프로그램명	목적 및 활동
들어가기	신뢰감, 친밀감 형성	동기 부여
친한 친구되기 (Friendship)	친한 친구되기	친구의 의미를 생각
	나의 친구 관계 살펴보기	친구 관계 유형을 탐색
	친구에게 다가가기	친구 관계 돌아보기, 다가가는 방법
대화하는 친구되기 (Counselorship)	대화하는 친구되기	경청하기, 공감하기
	대화 잘 이끌어가기	'어기역차' 익히기
	잠하둘셋 기법	감정 조절
도움 주는 대화 배우기 (Leadership)	도움 주는 대화 배우기	'원무지개'
	대화 종합 연습	연습을 통한 자신감 상승
	도움되는 활동 찾기	활동 영역을 점검
마무리	평가	프로그램 평가, 모임의 구조화

〈또래상담 프로그램/출처: 『솔리언또래상담자 수첩』, 2014〉

2

대학교 생활 및 준비 사항

1) 대학원 진학을 위한 학점 관리

학부 졸업 조건만 갖춘 상태로 상담심리사 2급 취득을 하는 것이 불가능한 것은 아니지만 실제로 상당수의 상담심리사 선생님들은 대학원 수료 이상의 상태에서 상담심리사 자격을 취득하는 선택을 하고 있습니다. 왜냐하면, 심리상담사로서 커리어를 시작할 때 많은 분들이 상담심리전문가(상담심리사 1급) 취득을 목표로 잡는데, 이 자격 취득을 위해서 학술지 연구 논문 게재 실적이 요구되기 때문입니다. 학부 졸업 조건에서는 이러한 조건을 충족하기가 사실상 어렵습니다. 따라서 대학원 진학을 염두에 계신 분들은 대학교 학점 관리의 중요성이 더욱 클 수 있겠습니다. 학점은 자신의 학부생활에 대한 성실성을 어느 정도 증명하는 지표이기도 하기에 대학원 진학 가능성이 있다면 대학원 입시를 위해서라도 심리학 과목을 중심으로 한 학점 관리를 잘해 두는 것이 도움이 되겠습니다.

2) 상담 관련 과목과 실습 수업들은 꼭 수강해 보자

심리학은 분과가 세부적으로 나뉘어 있는 다채로운 학문으로, 학부 과정에서 상담심리학, 임상심리학, 생물심리학, 산업심리학, 발달심리학과 같은 매우 다양한 과목을 배웁니다. 한정된 시간과 수강 가능 학점이 제한되어 있는 상황에서 자신이 심리상담사가 되기를 희망한다면 개설되는 상담 관련 과목은 대부분 다양하게 수강하는 것을 추천합니다. 실제 심리학 전반에 대한 지식과 시야를 넓히는 것과 더불어 향후 진로를 결정하는 데 있어 좋은 도움이 될 수 있겠습니다.

저자는 학부에서 심리학을 전공하지 않은 타학부생이었습니다. 심리학 학부 출신 동료들의 이야기를 들을 때 부러웠던 점 중 하나가, 대학 재학 중 상담 실습 과목을 들을 수 있는 기회가 많았다는 것입니다. 상담 실습 과정을 통해 심리상담이라는 것이 어떤 것인지 체험하고, 수업 중 배운 이론에 따라 교수님의 상담 시연을 관찰하면서 이론이 어떻게 상담기법으로 적용되는지 생생하게 경험할 수 있습니다. 더불어, 대학에서 집단상담 수업을 진행하는 교수님은 대부분 한국심리학회 전문가급(상담심리사 1급, 임상심리전문가) 자격과 박사 과정 수료 이상의 학력을 가지고 있습니다. 실제로 현장에서 이러한 자격과 학력의 심리상담사 분들에게 집단 상담을 받으려면 상당한 비용이 들어가기 때문에 수업의 일환으로 참여하는 집단상담 경험은 강의를 넘어서 전문가의 시연을 배우고 경험할 수 있는 여러모로 귀중하고 값진 경험이 될 것입니다.

집단상담과 같은 실습 수업을 통하여 자신의 심리상담에 대한 흥미도와 적성에 대해서도 알 수 있습니다. 예를 들어, 저자의 지인 분은 임상심리사와 상담심리사의 진로 사이에서 고민을 하고 있었는데, 집단상담 수업에서 내담자와 상담자 모두의 체험을 하면서 자신의 적성이 상담자에 맞지 않음을 자각하게 되어 심리평가와 연구에 특화된 임상심리사의 진로를 확신하게 되었다고 합니다. 대학원 과정에서도 실습 수업이 있으나 미리 학부 과정에서 내담자 체험을 많이 해 보기를 권합니다.

3) 학생생활상담센터 가 보기: 대학교에서 경험해 볼 수 있는 상담 복지

심리상담이 어떤 것이고, 심리상담사가 어떤 일을 하는 직업인지 직관적으로 경험하는 방법으로, 내담자 역할을 체험해 보는 것이 아주 효과적입니다. 한 학기 몇 백만 원을 넘게 내는 대학 학비는 그저 수업료만을 의미하지 않습니다. 학교의 시설, 서비스를 이용할 수 있는 권리를 받게 되는 것입니다. 학교에서 받을 수 있는 훌륭한 서비스 중 하나가 학생생활상담센터에서의 상담과 교육 경험입니다. 대부분 무료로 이용할 수 있습니다. 신청을 하고 일정 기간을 기다리면 받을 수 있는 개인상담, 그리고 학기 또는 방학 때 이용할 수 있는 집단상담 등이 있습니다. 또한 정서 및 성격 검사뿐만 아니라 대학생의 진로와 학업 문제를 지원하기 위해 적성 검사, 학업 관련 검사들을 비롯한 심리 검사 서비스가 마련되어 있습니다.

학생생활상담센터의 다양한 검사와 상담 서비스 중에서 집단프로그램 역시 참여를 추천합니다. 대학원에 진학하게 되면 자기 자신이 집단프로그램의 처음부터 끝까지 내담자로 참여했던 경험 없이 곧바로 집단프로그램의 보조 역할이나 개발자, 리더 등으로 참여하게 되는 경우가 있습니다. 사전 지식이 적은 상태에서 온전히 내담자로서 집단프로그램을 경험하는 것 역시 귀중한 경험입니다. 또한 개인의 심리적 문제가 없다고 해도, 집단프로그램의 주제는 다양합니다. 예를 들어, 대인 관계 기술 향상 프로그램, 시간관리 및 목표 수립 프로그램, 스트레스 관리 프로그램과 같이 꼭 현재 정서적 어려움이 없더라도, 건강한 대학생을 비롯한 누구에게라도 필요한, 지금보다 더욱 정신적으로 건강하게 성장하기 위한 주제입니다. 상담을 받는다는 것이 생소하기도 하고, '내 문제를 학교 내의 구성원에게 말해도 괜찮을까.'라는 부담감으로 작용할 수 있지만 스스로 심리상담 서비스를 편안하게 여기게 되는 발판이 될 것입니다.

4) 심리상담 현장을 미리 체험해 보자

* 멘토링 프로그램

대학원 진학을 위해서 혹은 상담심리사의 진로를 위해서 어떤 활동이 도움이 될지 고민을 호소하시는 분들이 계십니다.

"이미 학부를 졸업한 상태라 학점을 더 관리할 수도 없는 상황이에요. 대학원 입시 서류, 필기와 면접을 준비하는 것 외에 대학원 입시 과정에서 지도 교수님께 어필할 수 있는 경험을 하고 싶어요."

가장 처음 시도해 볼 수 있는 것은 자원봉사의 일환인 심리상담 활동으로, 지역 사회 복지 기관 학습 멘토링을 들 수 있겠습니다. 학습 멘토링은 취약 계층 아동들에게 과외와 비슷하게 학습적 도움을 주면서 정서적 지지를 함께 제공하는 활동입니다. 저자도 이러한 활동 경험이 있습니다. 대학원 준비 과정 중 시작한 학습 멘토링 자원봉사에서 직접 아동청소년들을 만나고 상호 작용하면서 심리상담의 긍정적인 영향력에 대해 체감하게 되었습니다. 학습 멘토링이라는 것이 눈에 띌 만큼 화려한 이력은 아니더라도 저자는 이러한 경험을 대학원 입학 자기 소개서에도 반영을 하였으며 면접에서도 이 경험에 대해서 물어보는 교수님들이 계셔서 자연스럽게 이야기를 이어 나갈 수 있었습니다. 학습 멘토링보다 조금 더 심화된 심리상담 멘토링은 구 또는 시마다 하나씩 설치되어 있는 청소년상담복지센터와 정신건강복지센터 및 서울 시립으로 운영되고 있는 '아이월센터'에서 경험할 수 있습니다.

* 자살 예방 게이트 키퍼

OECD 국가 중 우리나라가 수년간 자살률 1위와 2위를 왔다 갔다 하는 것은 잘 알려져 있습니다. 그리하여 국가가 자살 예방을 위해 양성하고자 하는 인력을 '자살 예방 게이트 키퍼'라고 합니다. 예방적인 차원으로 최대한 많은 인원이 확보되는 것이 필요하기도 하여, 신청을 한 국민 누구나 소정의 교육을 통하여 자살 예방 게이트 키퍼가 될 수 있습니다.

교육을 통해 자살에 대한 지식과 태도를 변화시키고, 지역 사회에서 고위험군을 발견하고 개입하며 전문가한테 의뢰하는 것을 목표로 하게 됩니다. 이러한 과정을 경험해 보는 것이 중요한 이유는 심리상담의 과정에서 자주 마주하는 내담자의 어려움 중 빈번히 나오는 주제가 '자살'이기 때문입니다. 이 과정을 통해서 자살과 관련한 심리적 개입방법을 경험적으로 체득할 수 있고, '자살'이라는 무거운 주제에 대해 진지하게 마주할 수 있는 경험이 될 수 있겠습니다. 이러한 자살예방 게이트 키퍼 활동의 핵심인 자살 위험 신호에 대해 기민하게 포착하여 적절하게 대처하는 연습을 통해 추후 상담자가 되어 상담 현장에서 내담자의 자살 주제를 접했을 경우에 무거운 호소 문제에 압도당하기보다는 자살 위기에 대해 올바르게 대처하는 데 도움이 될 수 있습니다.

프로그램	한국형 자살 예방 프로그램 〈보고 듣고 말하기〉	
교육소개	자살 위험 신호에 대한 민감성을 키우고 자살예방 전문가에게 연계하는 훈련.	
교육내용	보기	- 주제: 자살을 암시하는 언어, 행동, 상황적 신호를 본다.
	듣기	- 주제: 실제 자살 생각을 묻고 죽음의 이유와 삶의 이유 를 적극적으로 듣는다.
	말하기	- 주제: 안전 점검 목록을 확인하고 전문가에게 도움을 의뢰한다.
교육대상	일반 인구 집단(전 국민 대상)	

〈한국형 표준자살예방프로그램/출처:한국자살예방협회, 2012〉

* 심리적 응급 처치(PFA, psychological first aid) 과정

심폐소생술과 같은 신체적 응급 처치는 비교적 대중화되어 있습니다. 그러나 재난과 대형 트라우마 상황의 경우 재난 관련 전문가의 수는 한정되어 있고 재난 초기에 할 수 있는 심리적 개입은 한정적입니다. 이를 위해 만들어진 프로그램이 심리적 응급처치 과정입니다. '심리적 응급 처치'란 재난 직후로부터 수일까지를 뜻하는 급성기에 재난 경험자들의 초기 고통을 줄이고 실질적인 도움을 제공하여 외상적 사건으로 인한 초기의 충격을 줄이고 재난 경험자의 적응적 대처를 강화하는 것을 목적으로 하는 심리·사회적 서비스입니다. 심리상담 관련 전공자들뿐만 아니라 일반인들도 교육을 받을 수 있으며 교육은 국가 트라우마센터에서 주관하고 있습니다. 교육은 이론 교육 3시간과 실습 교육 3시간으로 구성된 1일 프로그램으로, 이론 교육에서는 재난에 대한 이해와 심리적 응급 처치의 기본 개입 원칙 및 기술을 교육하며, 실습 교육은 개발된 2가지 종류의 시나리오를 활용하여 재난 현장을 가정하고 배운 기술을 실행, 점검해 보도록 구성되어 있습니다.

〈심리적 응급 처치의 핵심 활동〉

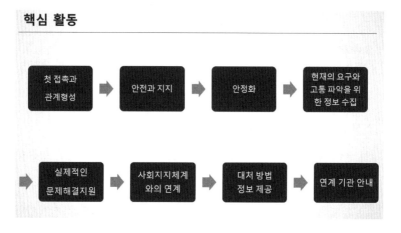

〈출처: 국가트라우마센터〉

5) 진학하고자 하는 대학원별 특징을 탐색하기

　상담 관련 대학원은 임상심리 대학원과 비교해 보았을 때, 그 종류가 비교적 다양한 편입니다. 따라서 자신이 목표하는 대학원에 대한 정보를 미리 파악해 본다면 대학 생활 중 준비하기가 조금 더 수월할 것입니다. 보통은 심리학과와 교육학과에 설치된 대학원 전공 중 상담심리전공으로 진학을 하게되는 경우가 많습니다. 우리나라 심리상담계의 원로분들이 주로 교수진들로 계십니다.

　일반대학원에서는 주간에 수업이 개설되기에 풀타임으로 강의를 듣고, 공부를 하는 학생들이 자연스레 대다수입니다. 연구실이 있어 소속감을 느끼기도 하며, 교수님과 연구프로젝트를 함께 수행하는 등 연구원으로서의 정체성도 획득할 수 있습니다. 더불어 병원과의 연계 실습, 박사 선생님들과의 교류 등을 장점으로 꼽을 수 있겠습니다. 또한 다른 심리학 세부 전공 과목 역시 다양해서 선택해서 들을 수 있습니다. 연구와 실습, 학술적인 강점을 가진 심리상담사로서 정체성을 유지하고 싶은 마음이 있다면 석사 과정에서 일반대학원 진학을 추천 드립니다.

　교육대학원 또는 **특수대학원**에서는 야간에 수업이 개설되는 경우도 많아 직장을 다니면서 석사 또는 박사 학위를 취득할 수 있는 장점이 있습니다. 일부 교육대학원과 특수대학원에서는 졸업을 위해 논문 작성을 반드시 요구하지 않는 경우가 있어 연구에 대한 압박은 일반 대학원에 비해 다소 적을 수 있겠습니다. 다만, 이러한 경우 차후 상담심리사 1급 취득 조건 중 하나인 논문 게재 항목을 충족하지 못하는 경우가 생길 수 있습니다.

임상심리전공 대학원으로 진학한 상태라면, 한국상담심리학회 입회에 필요한 수업을 수강하여, 필요한 조건을 갖추어 나가는 방법이 있습니다. 임상심리전공과 상담심리전공은 수강하는 과목이 겹치는 경우가 많은 편으로 대학원 과정 중 임상심리전공 관련 자격과 상담심리전공 관련 자격에 필요한 과목을 미리 알아보고 수강한다면 대학원 졸업 후 두 영역의 자격증을 취득할 수 있는 조건을 갖출 수 있습니다.

발달심리 전공, 범죄심리 전공 과정에서도 마찬가지로 한국상담심리학회 입회에 필요한 수업을 들어 상담사의 진로를 향해 첫 발을 내딛으면 되겠습니다. 아동·청소년 또는 비행 청소년들을 대상으로 전문적인 상담을 하는 등 출신 전공에 따라 자신만의 상담 특기 분야를 다양하게 발전시켜 나갈 수 있겠습니다. 다만, 현재 상담 관련 영역은 상담 관련 다양한 전공들이 복잡하게 얽혀서 직업 현장을 형성하고 있기 때문에 출신 전공으로 인하여 진로가 완전히 결정 나는 것은 아니니 자신이 커리어를 쌓는 방향에 따라 자신의 전문 상담 분야가 달라진다는 점을 아시면 좋겠습니다.

chapter 3

심리상담 관련 자격증

상담 관련 자격증은 민간자격과 국가자격을 아우르면 상당히 다양합니다. 많은 자격증 중 학위+수련+심리상담 현장 수요 등을 모두 충족하는 자격증 4개를 앞으로 집중적으로 소개해 보려고 합니다. (여성가족부 청소년상담사와 한국산업인력공단 임상심리사 1급의 경우 기관에 소속된 상태에서의 수련을 요구하지 않으나 현장에서의 수요와 활용도가 있으므로 추가적으로 함께 소개하였습니다.)

1

한국상담심리학회 상담심리사

대부분 심리학 전공을 기반으로 상담을 하는 분들이 전문성 확보를 위해 취득을 가장 먼저 고려하는 자격으로, 저자 역시 마찬가지로 보유하고 있는 자격입니다. 저자가 정신건강임상심리사, 임상심리전문가 등의 자격을 보유하고 있음에도 상담심리사를 가장 먼저 소개하는 이유는 다음과 같습니다. 구인 공고나 이력서 등에 자신의 전문성을 나타내고, 구직 시장에서 널리 통용되는 자격으로서, 상담심리 전공을 한 분들이 구직 활동을 하기 위해 이 자격증 취득을 최우선적으로 목표로 하고 있기 때문입니다. 또한 상담심리사 자격을 취득하기 위하여 필요한 자격 요건이 까다롭고 구체적으로 제시되어 있습니다. 상담심리사는 상담심리사 2급과 상담심리사 1급(상담심리전문가)으로 나뉘어져 있습니다. 2급을 취득하기 위해서는 학사 졸업인 상태에서도 가능은 하나 실질적으로는 석사 과정 중에 2급 수련을 시작합니다. 그래서 상담심리사 자격을 취득한 사람들은 대부분 석사 이상의 학위를 가지고 있어 상담에 대한 많은 공부와 준비가 되어 있습니다. 2급을 취득하기 위해서 필요한 수련 기간은 최소 1년, 1급을 취득하기 위한 수련 기간은 최소 3년입니다. 석사 졸업 조건으로 수련을 개시하면 3년 만에 1급을 취득할 수 있으나 현실적으로 2급 취득 후 추가 4년 수련을 통해 상담심리사 1급을 취득하는 경우가 더 흔합니다. 이처럼 이론과 실습, 도제식 교육(수퍼비전)을 아우르는 자격 취득 과정을 지나야만 비로소 내담자에게 상담을 하는 상담자로서의 전문성을 보여 줄 수 있는 것입니다.

직업으로서 심리상담을 주로 하기 위해서, 임상심리 관련 자격을 제외하고는 상담심리사 2급 또는 한국상담학회 전문상담사 2급 이상을 취득해야 합니다. 왜냐하면 앞서 서술했듯이 전문적이고 체계적인 과정이며, 심리상담사 구인 공고에서 빼놓지 않고 제일 먼저 필요 자격으로 이름을 올리는 자격이기 때문입니다. 이 자격을 통해 대학 학생생활상담센터, 청소년상담 전문 기관, 기업 내 상담 기관, 군 상담관, 사설 상담센터 등에 지원할 수 있습니다. 더 많은 정보는 한국상담심리학회 홈페이지(https://krcpa.or.kr/)를 참고하시면 되겠습니다.

구분	자격 요건
상담심리사 1급	1. 대학원에서 상담 관련 분야의 학문을 전공하여 석사 학위 이상 취득 후 정회원으로 가입 또는 자격 변경. (단, 모든 응시 조건이 충족되었더라도 석사 학위 취득 후 정회원으로 변경한 뒤 1년이 경과하지 않으면 시험 응시가 불가능함.) 2. 상담심리사 2급 취득 후 정회원(심리사 정회원)으로 자격 변경. 3. 상담 비관련 학과 석사 학위 취득 후 상담 관련 박사 과정에 입학하여 준회원으로 입회(단, 모든 응시 조건이 충족되었더라도 박사 학위 취득 후 정회원으로 변경한 뒤 1년이 경과하지 않으면 시험 응시가 불가능함.)
상담심리사 2급	1. 상담 관련 분야의 석사 과정 재학 이상인 경우, 준회원으로 가입 신청. 2. 상담 관련 분야의 학사 학위 취득 후 준회원으로 가입 신청. 3. 비상담 관련 학사 학위 취득 후 3년 이상의 상담 경력이 있는 경우, 준회원으로 가입 신청(회칙 개정으로 2018년 12월 15일부터 상담 경력으로 입회 불가함.)

검정 연도	자격 등급	접수자 수	응시자 수	취득자 수	합격률 (%)
2021	1급	859	737	128	17.37
	2급	1646	1462	389	26.61
2020	1급	842	724	118	16.30
	2급	2235	1966	515	26.20
2019	1급	778	677	100	14.77
	2급	1893	1648	433	26.27

〈한국상담심리학회 상담심리사 합격률/출처: 민간자격정보서비스〉

2

한국임상심리학회 임상심리전문가

한국임상심리학회에서 발급하는 자격입니다. 임상심리 관련 대학원 석사 수료 이상+3년간의 임상 수련이 요구됩니다. 임상심리전문가 자격 취득이 어려운 이유는 학위 조건과 3년간의 수련도 힘든 조건이지만, 그 과정 중 채워야 하는 요구 조건이 많기 때문입니다. 우선, 상담 및 심리치료 외에도 심리평가 실력 향상을 위해 많은 시간과 노력을 기울여야 합니다. 수련 과정 중 필수적으로 충족해야 하는 수련 요구 시간은 심리치료와 심리평가가 유사하지만 실제적으로 수련 과정 중 심리평가에 할애하는 시간의 비율이 높습니다. 또한, 임상심리전문가 과정을 수료하기 위해서는 3년의 수련 중 1년 이상은 정신과나 정신재활 시설 수련 과정을 거치게 됩니다. 정신과 환자에 대한 이론적 이해를 기반으로 실제 정신과 임상 경험을 쌓는 것이 보람이 있을 수 있겠지만 정신질환과 심리평가에 대한 관심이 낮을 경우 심리 상담만을 위한 자격으로 취득하기에는 그 과정이 상당히 부담스러울 수 있습니다.

하지만 임상심리전문가 수련을 통해 정신병리에 대한 이해를 향상시킬 경우 상담 장면에서 만난 내담자의 정신병리적인 증상을 기민하게 포착하여 적절한 개입을 제공할 수 있다는 장점이 있습니다. 임상심리전문가들은 수련 과정에서 상담 및 심리치료를 위한 면담 시 정신과적 증상을 놓치지 않기 위한 임상적 면담을 집중적으로 훈련합니다. 따라서 우울 또는 불안과 같은 신경증적 문제와 정신증적 문제를 구분해내고 성격적 부분, 정서적 부분을 탐색해 내는데 장점을 보일 수 있겠습니다. 전작인 『현직 임상심리사들이 알려주는 생생한 임상심리사 진로가이드북』에서 임상심리전문가와 정신건강임상심리사 자격에 대한 자세하고 더 많은 정보가 수록되어 있으니 참고하시면 되겠습니다.

임상심리전문가 수련 내역 요구 조건

1) 심리평가 : 300시간 및 종합 평가 30례 이상(석사), 200시간 및 종합 평가 20례 이상(박사 과정), 150시간 및 종합 평가 15례 이상(박사)
2) 심리치료: 300시간 이상(석사), 200시간 이상(박사 과정), 150시간 이상(박사)
* 심리치료 이수 시간 중 50%까지는 수련생 개인의 교육 분석을 위한 개인치료 및 집단치료에 참여한 경험을 인정.
3) 심리치료 사례발표 2회 이상(4시간)
* 사례 발표 2회 중 1회는 본 학회 논문 발표(포스터 혹은 구연 발표)로 대치 가능.
4) 연구 논문 1편 이상 발표.
5) 학술회의 30시간 이상, 사례회의 10시간 이상 참석.
6) 대외협력 지원사업 30시간 이상 참석.
7) 윤리 교육 1회 이상 참석.

임상심리전문가 취득 기준

한국임상심리학회에서 정한 소정의 수련 과정을 이수한 후 임상심리전문가 자격 시험에 합격해야 함.

1) 석사 학위(임상심리학 전공) 과정 이상 : 임상심리전문가의 지도하에 3년 이상의 수련 과정을 마친 석사 학위 취득자
2) 박사 학위(임상심리학 전공) 과정 이상 : 임상심리전문가의 지도하에 2년 이상의 수련 과정을 마친 박사 학위 취득자
3) 박사 학위(임상심리학 전공) 취득 이상 : 임상심리전문가의 지도하에 1년 이상의 수련 과정을 마치고 임상심리전문가 자격 시험에 합격
4) 석사 학위(임상심리학 전공) 취득 이상의 학력으로 외국에서 임상심리전문가 자격증을 취득한 후 국내의 관련 분야에서 1년 이상의 실무 혹은 교육 경력을 갖추고 임상심리전문가 자격 시험에 합격

앞의 표 중에서 자격 취득을 가장 어렵게 하는 것은 두 항목입니다. 우선, 학술논문 발표입니다. KCI 등재예정지 이상의 학술지에 수련 기간 중 1 저자의 학술지를 등재해야 합니다. 대부분 자신의 석사 학위 논문을 보완 수정하여 제출하곤 합니다. 여러 가지 사정으로 이 조건을 충족하지 못하는 경우 임상심리전문가 자격을 포기하는 수련생분들이 계십니다. 석사 논문을 보완 수정하지 못하는 경우 병원이나 다른 기관의 연구에 참가하여 IRB 심의를 거쳐 새로 학술 논문을 쓰는 대안이 존재합니다.

그 다음으로 사례발표입니다. 사례발표 2번이 필요하며 사례발표 2번 중 1번은 학회 학술대회 내에서의 포스터 발표로 대체할 수 있습니다. 포스터 발표란 자신의 논문을 요약해 큰 사이즈의 포스터로 인쇄하여 학회가 마련한 발표 공간에 게재해 놓는 것입니다. 포스터 발표로 사례발표 1번을 충족하더라도 다른 1번의 사례발표는 부담스럽고, 심리치료도 공들여 수행하고 비용도 들며 사례발표를 위한 기회도 제한되어 있어 수련 과정 중에 발 빠르게 움직여야 합니다. 이러한 과정을 거친 후 필기 시험과 면접 시험을 통과하면 자격증이 발급됩니다. 현존하는 임상심리 관련 자격증 중 정신건강임상심리사와 더불어 가장 전문적이고 널리 인정받고 있는 자격이라 할 수 있겠습니다.

3

보건복지부 정신건강임상심리사

보건복지부에서 발급하는 국가전문자격입니다. 과거에는 정신보건임상심리사라는 명칭이었으나, 2019년도에 명칭이 정신건강임상심리사로 개정되었습니다. 정신건강임상심리사 1급, 정신건강임상심리사 2급으로 나뉘어져 있으며 정신건강임상심리사 1급은 3년, 2급은 1년간의 수련 과정을 필요로 합니다. 정신건강임상심리사 2급을 취득하고 실무에서의 경력 5년이 인정이 되면 국립정신건강센터에서 심사를 거쳐 1급으로 승급이 됩니다.

정신건강임상심리사 2급을 취득할 수 있는 최소 요건은 심리학 학부 졸업 기준이지만 실질적으로 현재 대부분 석사 졸업생들이 이 과정에 들어가고 있을 정도로 경쟁이 심화된 상태입니다. 실무에서 심리평가와 상담을 할 수 있는 최소한의 자격으로 많은 이들이 정신건강임상심리사 2급 자격을 꿈고 있습니다. 간혹 타 전공인데 산업인력공단 임상심리사 2급 자격으로 정신건강임상심리사 2급 과정을 들어갈 수 없냐는 질문을 받기도 하지만, 수도권 지역에서는 거의 이런 방식으로 정신건강임상심리사 2급 자격을 취득하는 케이스를 찾아보기 어렵습니다. 그리고 자격 취득 후 정신건강 관련 기관에 비교적 수월하게 들어갈 수도 있어 많은 수련생들이 이 자격을 취득하기 위해 노력하고 있습니다. 아이러니 하지만 임상심리전문가를 취득하고 나서도 추가적으로 정신건강임상심리사 2급 수련 과정에 지원하는 경우도 많아지고 있습니다. 공공기관이나 공무원 관련 구직을 위해서 정신건강임상심리사 자격이 필요한 경우가 많기 때문입니다.

정신건강임상심리사 자격은 관련 법률에 의거하여 정신과적 문제를 가진 분들과 그 가족들에게 심리상담 및 심리치료를 할 수 있다고 명시되어 있습니다. 구인 공고를 보았을 때 파트타임보다는 상근직 공고가 많습니다. 특히 정신과에서는 주로 파트타임으로 고용하는 편입니다. 지역 사회에서 각 시 또는 구에 설치되어 있는 정신건강복지센터에서 일을 하는 경우가 많습니다. 정신건강복지센터는 사업을 운영하거나 예산을 집행하는 일이 대부분이지만 기초 정신건강복지센터에서 아동청소년 사업을 맡게 될 경우 직접 심리평가와 심리상담을 진행하는 비중이 높습니다.

• 정신건강임상심리사 1급 취득 기준

1. 심리학에 대한 석사 학위 이상을 소지한 사람(석사 이상 학위 취득 과정에서 보건복지부장관이 정하는 임상심리 관련 과목을 이수한 경우로 한정한다.)으로서 법 제17조 제1항에 따른 정신건강전문요원 수련기관(이하 이 표에서 "수련기관"이라 한다.)에서 3년(2급 자격 취득을 위한 기간은 포함하지 아니한다.) 이상 수련을 마친 사람.
2. 2급 정신건강임상심리사 자격을 취득한 후 정신건강증진시설, 보건소 또는 국가나 지방자치단체로부터 정신건강증진사업등을 위탁받은 기관이나 단체에서 5년 이상 근무한 경력(단순 행정 업무 등 보건복지부장관이 정하는 업무는 제외한다.)이 있는 사람.
3. 「국가기술자격법 시행령」 제10조 제1항에 따른 임상심리사 1급 자격을 소지한 사람으로서 보건복지부장관이 지정한 수련기관에서 3년(2급 자격취득을 위한 기간은 포함하지 아니한다.) 이상 수련을 마친 사람.

• 정신건강임상심리사 2급 취득 기준

1. 심리학에 대한 학사 학위 이상을 소지한 사람(학위 취득 과정에서 보건복지가족부장관이 정하는 임상심리관련 과목을 이수한 경우로 한정한다.)으로서 수련기관에서 1년(1급 자격 취득을 위한 기간을 포함한다.) 이상 수련을 마친 경우.
2. 「국가기술자격법 시행령」 제12조 제1항에 따른 임상심리사 2급 자격을 소지한 사람으로서 수련기관에서 1년(1급 자격 취득을 위한 기간을 포함한다.) 이상 수련을 마친 사람.

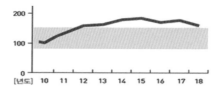

〈정신건강임상심리사 양성 인원 수/출처: 2018 정신건강전문요원 실태조사 보고서〉

4

한국상담학회 전문상담사

주로 교육학과와 상담학과를 전공한 분들이 취득하는 자격증입니다. 최근에는 심리학과를 전공한 분들도 이 자격을 취득하려는 움직임을 보이고 있습니다. 2000년 초부터 생겨 아직은 한국상담심리학회 상담심리사 자격에 비하여 생소해 보일 수 있지만 상담심리사에 비해 배출된 인원수는 더 많습니다. 전문상담사의 경우 수도권보다는 비수도권에 기반한 구인 공고를 더 자주 찾아볼 수 있습니다.

자격 취득 과정은 상담심리사 과정과 유사하나 추가적으로 면접 합격 후 자격 연수를 받아야 합니다. 상담심리사 자격에 비하여 거쳐야 하는 절차가 하나 늘어난 것이죠. 특징으로 분과별(대학상담, 집단상담. 군상담 등)로 전문 수퍼바이저가 있는 점이 장점입니다. 현장에서 일하는 심리상담사들은 한국상담심리학회 상담심리사나 한국상담학회 전문상담사 자격 중 한 가지만 있어도 심리상담사로서 활동하기에 아주 큰 어려움은 없다는 데에 동의하는 편입니다. 그 이유는 자격 취득을 위해 학위 취득 및 수련 과정을 요구하고 과거부터 우리나라 심리상담에 현장에서 활동한 심리상담사 출신 교수진 및 수퍼바이저 분들이 자신의 전공 기반에 따라 두 개의 학회에 소속되어 왕성하게 활동하고 있기 때문입니다. 실제 심리상담사 구인 공고에 필요 자격으로 가장 자주 언급되는 자격증 중 하나가 전문상담사 자격입니다.

구분	자격 요건
전문상담사 1급	(1) 2급 자격증 취득한 자 (2) 상담학 관련 전공 석사 학위 취득자이며, 석사 과정에서 상담 관련 과목 12학점(5개 영역) 이상 이수한 자 (3) 박사 과정 재학 이상의 학력으로, 대학원(석, 박사)에서 상담 관련 과목 36학점(4개 영역) 이상 이수한 자(단, 박사 과정 과목 18학점 이상 포함.)
전문상담사 2급	(1) 대학에서 상담 관련 과목 36학점(4개 영역) 이상 이수자 (2) 대학원에서 상담 관련 과목 12학점(4개 영역) 이상 이수자(석사, 박사 이수 과목 인정 가능.) (3) 학회 가입 이후 교육연수기관에서 450시간 이상 이수한 자

검정 연도	자격 등급	접수자 수	응시자 수	취득자 수	합격률
2019	1급	449	375	93	24.8
	2급	903	824	378	45.87
2018	1급	409	359	51	14.21
	2급	881	786	333	42.37
2017	1급	286	222	57	25.68
	2급	793	672	365	54.32

〈한국상담학회 전문상담사 합격률/출처: 민간자격정보서비스〉

5

여성가족부 청소년상담사

심리상담과 관련한 국가전문자격입니다. 3급부터 1급까지 급수가 나눠져 있습니다. 상담 관련 석사 수료 조건으로 2급을 취득할 수 있어 상담 관련 종사자들은 대부분 2급을 취득하려고 합니다.

자격 취득 과정은 필기→ 면접→ 연수의 과정을 거칩니다. 필기는 객관식으로, 성실히 공부한다면 합격률이 양호한 수준으로 여겨집니다. 다른 자격에 비해 특이한 점은 면접을 통과하여도 100시간 연수를 이수할 때까지 자격 취득이 안된다는 점입니다. 자격 과정에서 일정 기간의 실습을 요구하지 않는 대신 100시간 연수는 여가부 산하 청소년상담복지개발원 주관하에 진행됩니다.

국가전문자격이지만 아쉽게도 현장에서 청소년상담사 자격 단독으로 일자리를 구하기는 쉽지 않은 것이 현실입니다. 주로 여가부 산하 청소년상담복지센터와 서울시 인터넷중독예방상담센터에서 고용하는 시간제 청소년/인터넷 동반자로 상담 업무를 시작할 수 있습니다. 그 외에는 청소년상담복지센터에서 전일제 팀원으로 취직할 때 도움이 됩니다.

일부 청소년 기관에서는 본 자격증을 소지하고 있는 자는 자격 수당으로 한 달에 3만 원 정도를 월급에 더하여 받는 것으로 알려져 있습니다. 1급을 소지하고 있는 분들은 많지 않으나 청소년상담복지센터 센터장 등 청소년 기관에서 장기간 근속하고 있는 분들이 취득하는 경우가 많습니다. 응시 조건 등 더 많은 정보는 한국청소년상담복지개발원 청소년상담사 사이트(https://www.youthcounselor.or.kr/), 큐넷(www.q-net.or.kr)을 참고하시면 되겠습니다.

구분	자격 요건
1급 청소년 상담사	1. 대학원에서 청소년(지도)학 · 교육학 · 심리학 · 사회사업(복지)학 · 정신의학 · 아동(복지)학 · 상담학 분야 또는 그 밖에 여성가족부령으로 정하는 상담 관련 분야(이하 "상담 관련 분야"라 한다.)의 박사 학위를 취득한 사람 2. 대학원에서 상담 관련 분야의 석사 학위를 취득한 후 상담 실무 경력이 4년 이상인 사람 3. 2급 청소년상담사로서 상담 실무 경력이 3년 이상인 사람 4. 제1호 및 제2호에 규정된 사람과 같은 수준 이상의 자격이 있다고 여성가족부령으로 정하는 사람
2급 청소년 상담사	1. 대학원에서 상담 관련 분야의 석사 학위를 취득한 사람 2. 대학 또는 다른 법령에 따라 이와 동등한 학력을 인정받는 기관에서 상담 관련 분야 학사 학위를 취득한 후 상담 실무 경력이 3년 이상인 사람 3. 3급 청소년상담사로서 상담 실무 경력이 2년 이상인 사람 4. 제1호부터 제3호까지에 규정된 사람과 같은 수준 이상의 자격이 있다고 여성가족부령으로 정하는 사람
3급 청소년 상담사	1. 대학 및 「평생교육법」에 따른 학력이 인정되는 평생교육시설의 상담 관련 분야의 학사 학위를 취득한 사람 2. 전문대학 또는 다른 법령에 따라 이와 동등한 학력을 인정받는 기관에서 상담 관련 분야 전문 학사를 취득한 사람으로서 상담 실무 경력이 2년 이상인 사람 3. 대학 또는 다른 법령에 따라 이와 동등한 학력을 인정받는 기관에서 학사 학위를 취득한 후 상담 실무 경력이 2년 이상인 사람 4. 전문대학 또는 다른 법령에 따라 이와 동등한 학력을 인정 받는 기관에서 전문 학사 학위를 취득한 후 상담 실무 경력이 4년 이상인 사람

	5. 고등학교를 졸업하고 상담 실무 경력이 5년 이상인 사람
	6. 제1호부터 제4호까지에 규정된 사람과 같은 수준 이상의 자격
	이 있다고 여성가족부령으로 정하는 사람

검정 연도	자격 등급	대상자 수	응시자 수	합격자 수	합격률
2018	1급	142	141	88	62.41
	2급	2,098	2,039	1,706	83.66
	3급	1,998	1,946	1,701	87.41
2017	1급	142	139	101	72.66
	2급	1,135	1,119	932	83.28
	3급	2,194	2,132	1,825	85.6
2016	1급	66	66	41	62.1
	2급	1,130	1,100	930	84.5
	3급	2,961	2,857	2,319	81.2

〈여가부 청소년상담사 자격 요건 및 면접 합격률/출처: 큐넷 홈페이지〉

6

한국산업인력공단 임상심리사 1급

　한국산업인력공단에서 발급하는 국가기술자격입니다. 2급의 경우 최소 요건이 '4년제 학부 졸업'으로 심리학을 전공하지 않아도 시험 응시가 가능한 자격이지만 1급의 경우 심리학 분야 석사 이상을 요구합니다. 2급의 경우 접근 장벽이 낮아 인터넷에도 위 자격과 관련한 유료 교육 프로그램 광고, 홍보를 쉽게 접할 수 있습니다. 취득하기 쉬우므로, 새로운 분야에 도전하여 자신감을 길러 줄 수 있는 디딤돌의 역할, 이정표로써는 훌륭할 수 있지만 취득 노력에 비하여 실무 현장에서 위 자격을 요하는 구인 공고나 기관을 찾아보기 상당히 드물다는 것이 단점입니다. 1급의 경우 자격 요건으로 심리학 전공 또는 임상심리사 2급 취득 후 5년 간 실무 경력을 요구하기에 상담 관련 자격으로 분류될 여지가 있겠습니다만 실질적으로 일반대학원 석사생들의 경우 해당 자격을 자신의 전문성을 나타내거나 구직하기 위한 수단으로 고려하고 있지 않은 경우가 대다수인 것으로 체감할 수 있겠습니다.

한국산업인력공단 임상심리사 자격이 다른 상담 관련 자격들에 비해 전문적인 실습이나 지식, 과정을 요하는 것은 아니나, 임상심리 진로에서 전혀 효용이 없는 자격증은 아닙니다. 국가기술자격증이기 때문에 상담 관련 공공기관에 계약직이나 정규직으로 입사하기 위해서 종종 특정 기관에서 요구하는 경우가 있으므로 자신이 나아가고자 하는 진로에 따라 취득을 고려해 보는 것도 좋습니다. 예를 들어 정신건강복지센터에 비전문 요원 티오로 취직을 하는 데 도움이 되며, 노령화에 맞게 치매안심센터 같은 곳에서는 임상심리사 자격을 취득하고 있으면 입사 시 도움이 되는 것으로 보입니다.

임상심리사 1급 취득 요건

- 응시 자격: 임상심리와 관련하여 2년 이상 실습 수련을 받은 자 또는 4년 이상 실무에 종사한 자로서 심리학 분야에서 석사 학위 이상의 학위를 취득한 자 및 취득 예정자, 임상심리사 2급 자격 취득 후 임상심리와 관련하여 5년 이상 실무 종사자 등
- 시험 과목
  - 필기: 임상심리연구방법론, 고급이상심리학, 고급심리검사, 고급임상심리학, 고급심리치료
  - 실기: 고급 임상 실무(시험 시간: 3시간)
  - 합격 기준: 필기(매 과목 100점) 매 과목 40점 이상, 전 과목 평균 60점 이상, 실기(100점) 60점 이상

chapter 4

심리상담사 수련 과정

추천 과정

학부만 졸업하고 바로 상담심리사 수련을 시작하는 방식 또한 한 가지 방법일 수 있으나, 다소 어려우며 길을 돌아서 가는 특수한 방식으로 여겨지곤 합니다. 따라서 저자와 더불어 주변에서 경험했던 많은 분들이 보편적으로 권장하고, 경험했던 방식을 토대로 설명하겠습니다. 참고로 하시되, 자신을 둘러싼 환경이나 여러 가지 특성을 잘 고려하셔서 자신에게 적합한 루트를 짜셨으면 좋겠습니다.

> 한국상담심리학회 상담심리사 2급 수련 과정 시작 → 청소년상담사 2급 취득 및 상담심리사 2급 취득 → 상담심리사 1급 수련 과정 후 1급 취득

상담 관련 대학원에 입학하면 선배들이 두 가지 자격을 취득할 것을 권합니다. 바로 한국상담심리학회 상담심리사와 여성가족부 청소년상담사입니다. 상담심리사 자격은 전공자들 사이에서는 공신력 있

는 전문자격으로 여겨지지만, 안타깝게도 민간자격으로 분류되기 때문에 공공기관 취직 과정에서 우선적으로 요구되지 않을 수 있습니다. 따라서, 이를 보완하기 위해 국가전문자격인 청소년상담사를 함께 취득한다면 현실적인 부분을 함께 챙길 수 있다는 이유에서 두 자격 취득을 권하는 바입니다.

상담심리사 2급 수련 과정은 대학원 과정 중에 시작할 수 있긴 합니다. 하지만 학업과 논문 쓰는 것만으로도 벅찬 대학원 과정 중 상담심리사 2급 자격을 취득하는 것은 다소 벅차게 느껴질 수 있습니다. 학기 중 실습 과정을 찾아 수련 요건을 채우고 수퍼비전 등을 받아야 하는 등 난이도가 높습니다. 이러한 상황으로 인해 대학원을 졸업하고 나서 바로 상담심리사 2급 자격이 없는 경우가 대부분입니다. 따라서 청소년 기관 취업 및 청소년 동반자 등 시간제 상담 일 등을 할 수 있는 것에 도움이 될 수 있는 국가자격인 청소년상담사 2급 자격 취득을 하면 좋습니다.

큰 무리가 없다면 통상적으로 대학원 졸업 후 1~2년 사이에 상담심리사 2급을 취득할 수 있으며, 청소년상담사 2급과 상담심리사 2급 자격을 가지고 있다면 상담 관련 직업 활동을 시작할 수 있습니다. 석사 학위가 있다면 곧바로 상담심리사 1급 수련을 시작할 수 있으나 많은 분들이 석사 졸업 이후에도 상담심리사 2급부터 단계를 밟아 취득하시곤 합니다. 상담심리사 2급 취득 후 상담심리사 1급을 취득하기까지 최소 4년이 걸리는 긴 시간이 소요되기 때문입니다. 최근에는 점점 더 길어져 5년 이상 걸리는 추세이기 때문에 중간 단계 없이 곧장 상담심리사 1급 취득을 목표로 삼는 것보다는 안전하게 단계를 밟아 가며 자격을 취득하는 방법을 고려해 보는 것도 좋습니다. 한편, 다양한 상담 관련 자격 중, 전문상담사와 청소년상담사도 비슷한 부분이 많기 때문에 아래에 나오는 내용들을 참고하시면 되겠습니다.

초보 상담가가 되기 위한 여러 가지 루트

* 심리학과 학부 졸업 → 상담심리학전공 일반대학원 졸업 → 학생생활상담센터 인턴상담원(상담심리사 2급 관련 1년 수련) → 청소년 상담사 2급, 상담심리사 2급 취득

* 심리학과 학부 졸업 → 교육대학원 전문상담교사 양성과정 졸업(교직 이수) → 전문상담교사 2급 취득 → 임용 고시

* 심리학과 학부 졸업 → 임상심리학전공 일반대학원 졸업 → 사설 상담센터에서 임상심리전문가 및 상담심리사 2급 동시 수련 → 상담심리사 2급 취득

* 타과 학부 졸업 → 상담심리학전공 일반대학원 졸업 → 시간제 청소년동반자 취직, 상담심리사 2급 수련 병행 → 청소년상담사 2급, 상담심리사 2급 취득

2

대학원과 수련 과정:
상담심리사 2급 자격 요건을 꼼꼼히 채우기

상담 자격증은 대부분 급수가 나뉘어져 있습니다. 저자가 보유하고 있는 한국상담심리학회 상담심리사 자격도 2급과, 1급으로 나뉘어져 있습니다. 많은 수의 상담 관련 석사 졸업생들이 1급 수련을 바로 할 수 있음에도, 과정의 일환으로 상담심리사 2급을 먼저 취득하는 경우가 많습니다. 여러 가지 이유가 있겠지만 가장 중요한 것은 상담 관련 자격증이 있어야 취업을 할 수 있기 때문입니다. 첫 단추를 꿰는 이 시기에 시행착오가 가장 많이 일어납니다. 따라서 상담심리사로 향하는 길목에서 가장 먼저 맞닥뜨리게 되는 상담심리사 2급 수련 과정에 초점을 맞추어 설명해 보려 합니다.

1) 입회

우선 상담심리사를 취득하기 위한 첫 번째 과정은 '입회'입니다. 입회를 해야 수련 등록이 가능합니다. 입회는 쉽게 말해 학회 등록이라 생각하면 됩니다. 대학원 입학을 한다고 해서 자동적으로 상담심리학회 입회가 되는 것이 아닙니다. 입회는 한국상담심리학회 홈페이지에서 회원 가입을 통해 진행할 수 있습니다. 입회 절차는 아래 표와 같습니다.

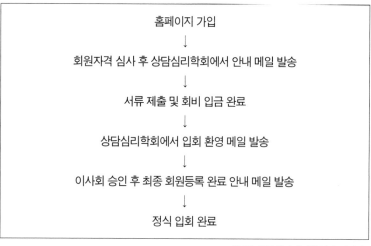

홈페이지 가입
↓
회원자격 심사 후 상담심리학회에서 안내 메일 발송
↓
서류 제출 및 회비 입금 완료
↓
상담심리학회에서 입회 환영 메일 발송
↓
이사회 승인 후 최종 회원등록 완료 안내 메일 발송
↓
정식 입회 완료

〈출처: 한국상담심리학회 홈페이지〉

상담 관련 학사 학위 취득 또는 상담 관련 석사생일 때 입회하는 경우가 많은데, 이 경우에는 준회원으로 입회하게 됩니다. 상담 관련 석사 취득 이상인 경우에는 정회원으로 입회하게 됩니다. 가입 신청 후 입회를 하고 나서야 수련을 시작할 수 있습니다. 상담 경력은 학회 입회 이후 1급 주 수련 감독자의 감독하의 상담 경력만 인정이 됩니다.

입회가 늦거나 1급 주 수련 감독자의 감독이 없는 경우 상담 경력으로 인정받지 못할 수도 있으니 꼼꼼히 신경 써야 합니다.

2) 석사 과정 중 과목 이수

상담 관련 과목 4과목 이상, 기초 과목 1과목을 대학원 재학 중 이수해야 합니다. 모르고 있을 경우 놓치는 과목이 생길 수 있으니 주의해야 합니다. 효율적으로 상담심리사 수련을 하기 위해 이수 과목에 대해서 미리 아는 편이 시간과 에너지를 아낄 수 있습니다. 요건은 다음과 같습니다.

상담 관련 과목	언어를 기반으로 한 상담 과목(4과목 이상)
기초 과목	연구방법론 1과목 이상

과목 이수에 대해서 모르고 있다가 대학원 3학기에야 주변 석사생들의 이야기를 전해 듣고 남은 2학기에 상담 관련 과목을 몰아서 수강하여 겨우 과목 이수 조건을 충족하게 되는 경우가 있습니다. 따라서 미리 이러한 과목을 확인하고 수강하는 것이 좋습니다. 5과목만 수강해야 해서 간단해 보일 수 있지만 석사 과정에서 총 이수하는 과목이 대략 12과목 정도인 것을 감안할 때 5과목을 상담심리사 자격을 위해서 할애하는 것은 쉽지만은 않을 수 있습니다.

미리미리 학기별로 나누어서 과목 이수를 하는 것이 안전하고 좋을 것으로 보입니다. 이수해야 할 과목 중 한 과목이 부족한 상태에서 석사 과정을 졸업하여 결국에는 상담심리사 자격을 취득할 수 없게 되는 경우도 존재하므로 이러한 상황을 방지하기 위해 미리 체크하는 것이 필요합니다.

3) 상담 경력

아래의 표를 살펴보면 상담심리사 2급 취득과 관련하여 '상담 경력'에 대한 부분이 있습니다.

---

1. 석사 입학 후, 1년(12개월) 이상의 상담 경력.
2. 석사 과정 중 과목 이수(학부 과정 중 이수 과목 인정되지 않음.).
※ 주의 사항
- 상담 경력은 본 학회 1급 주 수련감독자의 감독하의 상담 경력만 인정. 단, 수련받을 당해년도에 1급 전문가가 수퍼바이저 자격 보유자여야 함.
- 모든 수련 내용 및 경력은 학회 입회일 이후부터 인정.
- 단, 입회 이후에 대학원에 입학한 경우 대학원 입학일 이후부터 인정.
※ 이수 과목
- 상담 관련 과목: 언어를 기반으로 한 상담 과목으로써, 심리치료이론, 집단상담, 상담 방법, 상담면접, 상담사례실습 및 지도, 정신병리, 심리평가, 가족상담, 청소년상담, 진로상담, 아동상담 등(中 4과목 이상 이수).
- 기초 과목: 심리통계, 연구방법론, 실험설계, 동기와 정서, 고급성격심리학, 고급사회심리학, 고급발달심리학 등(中 1과목 이상 이수).

> - 과목 이수는 석사 과정 중 본인의 전공 과목 중에 전공 학점으로 이수한 과목만 인정함.

〈출처: 한국상담심리학회 홈페이지〉

상담 경력은 '기간'에 관한 내용입니다. 석사 입학 후, 1년 이상의 상담 경력'을 충족시키려면 다음의 2가지 충족해야 합니다.

(1) 매주 1건 이상의 상담을 한 기간이 1년 이상
(2) 그 기간 동안 최소 수련 내용을 충족해야 함

(2)번 항목에 '최소 수련 내용'이라는 단어가 등장합니다. 쉽게 말하자면 '최소 수련 내용'은 상담심리사 2급을 취득하려면 이 정도는 훈련되어 있어야 한다는 '양'에 대한 것입니다. 상담심리사 2급 최소 수련 내용을 아래의 표에 정리해 두었습니다. (1급과의 차이점은, 2급의 최소 수련 내용에는 '집단상담 실시', '집단상담 수퍼비전', '학술 및 연구 활동'과 관련한 요건들이 없습니다.)

영역	내용
접수면접	상담 및 심리검사 접수면접 20회 이상
개인상담	면접상담 5사례, 합 50회기 이상(부부, 가족, 아동상담 포함.)
개인상담 수퍼비전	10회(공개사례발표 2회 포함.) 이상
집단상담 참여	참여 또는 보조 리더 2개 십단 이상 (집단별 최소 15시간 총 30시간 이상, 식사시간 미포함.)
심리평가	검사 실시 10사례 이상(1사례당 2개 이상, 그중 개인용 검사 1개 포함.) • 단, 한 검사가 전체 사례의 ½을 초과할 수 없음(검사 실시, 해석, 수퍼비전 모두 해당함.).
심리평가 해석상담	10사례 이상
심리평가 수퍼비전	5사례 이상(1사례당 2개 이상, 그 중 개인용 검사 1개 포함.).
공개사례 발표	분회, 상담사례 토의모임에서 개인상담 2사례, 총 10회기 이상 - 3주 이상 발표 간격을 두고 발표 - 외국자격증 소지자로 자격 시험 면제자는 개인상담 1사례, 총 10회기 이상
상담사례 연구활동	학회 학술 및 사례 심포지엄(월례회) 2회 이상을 포함하여 분회, 상담사례 토의모임에 총 10회 이상 참여

〈출처: 한국상담심리학회 홈페이지〉

4) 수련기관 및 내담자 사례 확보하기

대학원 과정 중 3학기 이상 또는 대학원 석사 수료 이후 본격적으로 수련기관을 찾아보게 됩니다. 수련 기간에는 처음 상담소로 내방하는 분들에 대해 초기 면접을 하거나 심리상담 수퍼바이저의 감독 하에 심리상담을 직접 수행하며 훈련을 받기도 합니다. 가장 대표적인 수련기관은 대학 학생생활상담센터와 사설상담센터입니다. 예전에는 대학 학생생활상담센터에서 상담 수련을 도맡아 했지만 상담수련생의 수가 늘고 사설상담센터를 개설하는 수퍼바이저들이 증가하면서 최근에는 사설상담센터도 중요한 수련기관의 한 부분으로 인식되고 있습니다.

보통 대학원생의 경우 자대(자신의 출신 대학) 대학원의 학생생활상담센터에서 수련을 하는 것을 선호하는 경향이 있어왔습니다. 여러 환경이 익숙하기도 하고 선발에 더 유리하기 때문이지요. 이전에는 추천만으로 학생생활상담센터 수련생이 되는 경우도 있었습니다. 학생생활상담센터 수련 경쟁이 심화되자 최근에는 공식적인 공고를 통하여 공개적인 방식으로 학생생활상담센터의 상담 수련생을 모집하는 경우가 대부분입니다. 이러한 공고는 각 학교의 구인 게시판, 한국상담심리학회 홈페이지 홍보게시판에서 주로 확인할 수 있습니다. 대체로 매년 11월부터 모집 공고가 올라오기 때문에 수시로 확인해 보는 것이 좋습니다. 학생생활상담센터에서는 충분한 페이를 지급받기 어려운 경우가 대다수이지만 체계적이고 전통적인 방식의 수련을 받기 위해 좋은 기관이기에 수련 경쟁률이 높습니다.

사설상담센터의 경우에는 기간에 구애 받지 않고 수련생을 모집하는 경우가 많습니다. 최근에는 역량 있는 상담가들이 상담센터 개업을 하면서 롤모델로 삼는 상담가에게 수련을 받기 위해 자신이 원하는 사설센터에서 수련을 받는 경우도 늘고 있습니다. 그러나 단점으로는 학기별로 교육비가 들어간다는 것입니다. 그리고 센터에 따라서는 수련을 위한 내담자 확보가 학생생활상담센터에 비해 다소 어려움이 있을 수 있습니다.

마땅한 수련기관을 못 구했더라도 좌절하지 않으셨으면 좋겠습니다. 개인적인 수고가 늘겠지만 상담심리사 수련감독자 선생님과 내담자를 확보할 수 있다면 상담 수련기관에 속해 있지 않더라도 상담심리사 수련이 가능합니다. 보통 청소년 기관에 취직한 상담 관련 전공 석사 졸업생들이 이러한 방식으로 상담심리사 2급을 취득하는 경우가 많습니다. 청소년 기관에서 주기적으로 내담자를 만나면서 외부 수련감독자의 개념으로 상담심리사 1급 선생님에게 수퍼비전을 받으면서 상담심리사 2급 취득을 위한 수련을 진행하는 것입니다. 이러한 경우 내담자와 외부 수련감독자에게 수퍼비전을 받는다는 동의도 함께 구해야 합니다.

5) 나에게 맞는 수련 감독자 찾기 및 수련 등록

나의 상담 실력을 높이기 위해 좋은 스승님들에게 배우는 것이 당연히 필요합니다. 나의 여건과 스타일에 맞는 수련 감독자 선생님을 찾고 수련을 부탁드리는 게 상당히 어렵고 고민이 되는 과정일 수 있습니다. 상담 관련 대학원에는 상담심리사 1급 자격을 소지한 수련 감독자(수퍼바이저)급 상담사 분이 계십니다. 그러나 보통 지도 교수인 경우가 많아, 상담사 윤리에 어긋나는 '이중 관계'에 의하여 수련 감독자 역할을 하기 어렵습니다. 그렇기 때문에 다른 박사 과정 선생님이나 학생생활상담센터 상담 교수로 계시는 상담심리사 1급 선생님께 지도를 부탁하곤 합니다. 저도 이웃 연구실의 박사 과정 선생님께 상담 수퍼비전을 요청해서 상담심리사 2급을 취득한 후 1급 수련까지 이어 나갔습니다.

또는, 사례연구회 또는 공개사례발표회에 참관을 하고 나서 내가 지향하는 상담 스타일과 유사한 방식으로 상담을 진행하시거나 지도를 받고 싶은 수련 감독자 선생님을 찾아 개인적으로 수련 감독자를 해 주시길 부탁드리는 방법도 있습니다. 이러한 경우에는 직접 사례 지도를 해 주는 것을 지켜보고 수련 감독자 선생님을 찾은 것이기 때문에 수련 감독자 만족도가 높아질 수 있겠습니다. 입문 상담자로서 자신의 주 치료 방법을 쉽게 정하지는 못하겠지만 자신의 관심사나 자신이 잘할 수 있는 상담 방법을 미리 생각해 보는 것이 좋습니다. 그리고 자신의 주 치료 방법으로 상담을 이미 오랫동안 진행했던 수련 감독자의 지도를 받는다면 상담자로서 성장하기에 더욱 도움이 되겠습니다.

6) 상담 수퍼비전 자료 만들기&수퍼비전 받기

> * 수퍼비전(Supervision)
> 전문상담자가 되고자 하는 수련생에게 적절한 직업적 행동을 습득할 수 있도록 수련감독자가 도와주는 계속적인 교육 과정(방기연, 2011)

수련 감독자 선생님을 찾고 수련 요청을 드렸으면 그 다음으로는 수퍼비전을 받아야 합니다. 상담심리사 2급을 취득하기 위해 요구되는 수퍼비전은 크게 상담 수퍼비전, 심리평가 수퍼비전, 공개사례발표로 나뉩니다. 상담 수퍼비전은 상담심리사 1급(자격 취득 후 경과 연수 상관없음.) 선생님들에게 받을 수 있습니다. 최근 요건이 바뀌어 상담심리사 1급을 취득한 지 5년이 경과한 선생님에게 일정 횟수 이상으로 상담 수퍼비전을 받아야 자격검정 조건에 부합할 수 있습니다. 한편 임상심리전문가 자격을 가지고 있는 선생님들도 상담 수퍼비전을 현장에서 활발하게 하고 있으나 임상심리전문가 수련 과정에서만 상담 수퍼비전 기록이 인정되고 상담심리사 수련 과정에서는 인정이 되지 않습니다.

심리평가 수퍼비전도 일정 건수 이상을 받아야 합니다. 특별히 심리평가 수퍼비전은 상담심리사 1급 소지자 및 임상심리전문가(임상심리전문가 취득 후 5년)에게도 받을 수 있습니다. 그래서 실제로 심리평가 수퍼비전은 정신병리에 대한 지식과 정신건강의학과의 경험이 풍부한 임상심리전문가에게 받는 경우가 많습니다.

공개사례발표의 경우 두 명의 상담심리사 1급 선생님들에게 사례 지도를 받습니다. 두 명 중 한 명은 주 수련 감독자 자격(상담심리사 1급 취득 후 5년)을 보유하고 있어야 합니다. 공개사례발표도 상담 수퍼비전으로 인정 받을 수 있습니다. 수퍼비전 양식은 한국상담심리학회 게시판에서 다운로드 받을 수 있습니다. 주의할 점은 공개사례발표의 경우 보통의 상담 수퍼비전 자료와 유사하지만 좀 더 꼼꼼한 작성을 요구합니다. 예를 들어 '완전축어록'이 포함되어야 합니다. 완전축어록은 녹음의 시작부터 끝까지 생략 없이 내담자와 상담자 사이의 모든 대화를 기록하는 것입니다.

훈련을 위해 꼭 필요한 과정이지만, 수퍼비전을 받기 위해 수퍼비전 자료를 작성하는 것이 상담 수련생들에게 상당한 에너지를 소모하게 합니다. 꼼꼼하게 수퍼비전을 받기 위해서는 수퍼비전을 받는 모든 회기에 대해서 다시 녹음 파일을 다시 들어 봐야 합니다. 특히 축어록을 쓰는 회기에 대해서는 완전히 필요 없는 부분을 제외하고는 모두 음성 파일을 글로 풀어야 합니다. 아직 익숙하지 않을 때는 50분 정도의 한 회기 축어록을 풀기 위해서 5시간 이상 걸리기도 합니다. 축어록을 푸는 과정 자체가 자신의 상담을 되돌아보는 시간이기 때문에 하나하나 음성을 들으면서 축어록을 풀어 가는 것이 상담 수련의 일환이라고 볼 수 있습니다. 그럼에도 많은 상담 수련생들에게 상담 수퍼비전 자료를 준비하는 시간이 상당한 난이도로 다가옵니다. 특히 청소년 기관 팀원과 같은 풀 타임 근무를 하면서 상담 수련을 병행하는 경우 상담 수퍼비전 자료를 만들기 위해서 주말을 모두 할애해야 합니다. 외에도 시간을 아끼기 위해 새벽까지 자료를 만들어야 해서 다음 날 업무에 지장이 갔다는 호소도 있습니다. 그래서 다음과 같은 시간을 아낄 수 있는 노하우 방법을 권합니다.

축어록 푸는 시간을 단축하는 팁

1. 축어록 전문 프로그램 사용

인터넷에 검색해 보면 Talknote라는 축어록 전문프로그램이 존재하고 있습니다. 개발자 분이 축어록를 푸느라 고생하고 있는 아내를 위해 만들어서 더욱 감동적인 프로그램인데요. 음성을 자동적으로 텍스트로 전환해 주는 기능이 아닌 좀 더 효율적으로 축어록을 풀 수 있게 도와주는 프로그램입니다. 무료프로그램으로 개발자의 블로그(https://blog.naver.com/jspark916/)에서 다운로드 또는 요청 가능합니다.

2. 구글 문서의 기능 이용

구글 문서의 음성 인식 기능을 이용해서 텍스트로 전환하는 방법입니다. 녹음 파일 음성은 구글 문서가 인식하지 못해 포기했던 경험이 있습니다. 그러다 어떤 블

로거의 글을 보니, 녹음 파일을 컴퓨터에서 음성처럼 인식시키려면 컴퓨터 스피커 설정을 바꿔 주면 된다는 것임을 깨닫게 되었습니다.

바로, 설정을 바꾸고 구글 문서를 틀었습니다. 그리고 녹음 파일을 먼저 켜고, 구글 문서에 있는 음성인식 버튼을 누르면 텍스트로 변환이 됩니다. 그렇지만 여전히 한계는 존재합니다. 일단, 녹음 파일에서 소음이 너무 크면 음성 인식이 잘 안 된다는 점. 둘째, 오인식이 많다는 점. 셋째, 자동으로 녹음 파일이 끝날 때까지 텍스트로 변환되는 것이 아니라서 계속 자리에 앉아서 음성 인식 버튼을 주기적으로 눌러 줘야 된다는 점이 있습니다.

* 구글 문서 활용을 위한 컴퓨터 스피커 설정 변경 방법(Windows 10 기준)

① 제어판 기능 중 '소리'에 들어가서 설정을 바꿔 줘야 합니다. '소리' 기능은 아래의 그림에서 확성기 모양의 아이콘에서 들어가기가 편합니다.

② 확성기 모양의 아이콘에 마우스 버튼을 우클릭하면, 다음과 같은 메뉴가 뜹니다.

③ 볼륨 믹서 열기, 재생 장치, 녹음 장치, 소리, 볼륨 조절 옵션 등의 메뉴가 뜨게 되는데 소리를 눌러 들어갑니다.

④ 소리 메뉴에서 보통 기본 설정은 마이크가 기본 장치로 설정되어 있을 것입니다. 마이크도 우클릭을 해서 '사용 안함.'으로 설정해 줍니다. 그러고 나서 스테레오 믹스는 '사용'을 눌러 다음과 같은 화면이 되면 음성 파일을 텍스트로 변환하기 위한 기본 컴퓨터 세팅이 완료됩니다.

⑤ 크롬을 이용해서 구글 문서를 실행 → 새 파일 생성 → 도구에서 '음성 인식' 선택

⑥ 텍스트로 변환하려는 음성 파일 실행

⑦ 음성 인식 아이콘 누르기

3. 음성 → 텍스트 전환 전문 프로그램 사용

최근 들어 인공지능을 활용하여 음성을 텍스트로 전환해 주는 프로그램들이 개발되고 있습니다. 위에 소개했던 구글이 그 선두 주자였고 국내에서는 녹음 파일 및 영상 파일 자체에 있는 음성을 자동적으로 풀 수 있는 프로그램들이 속속 개발되었습니다. 장점은 위의 소개한 구글 문서 음성 인식 방법에 비해 정확도와 편의성이 높다는 점입니다. 단점은 유료 프로그램이 대부분이라는 점입니다.

저자가 알고 있는 유용한 프로그램들을 소개합니다.

* 다글로(Daglo): 녹음 파일 1분을 풀기 위해 120원, 즉 한 시간 당 약 7,200원의 비용이 소요됩니다. 1시간 정도 분량의 음성 파일을 축어록으로 푸는 시간이 대략 10~20분 정도 소요되는 것으로 보이지만 발화량에 따라 축어록 푸는 시간이 달라집니다.

* 네이버 클로바노트: 2020년 11월경 출시된 프로그램으로 앱을 통해 즉시 녹음하는 방식과 음성 파일을 업로드 하는 두 가지를 모두 지원합니다. 다글로에 비해 음성 파일 속 여러 명의 목소리를 구분해서 축어록을 푸는 것에 강점이 있는 것으로 보이네요. 일정 횟수까지는 무료로 사용할 수 있다는 점도 장점입니다.

* 브류(Vrew): 원래는 영상의 음성을 자동으로 풀어 자막을 만들어 주는 프로그램입니다. 장점은 무료라는 것! 단점은 정확도가 유료 프로그램보다 낮으며, 음성을 영상으로 한 번 바꿔 줘야 한다는 것입니다.

7) 수련 수첩 기록하기

이전에는 여권과 비슷하게 생긴 종이로 된 수련 수첩을 사용했지만 2015년 이후 온라인 수련 수첩으로 기록하고 확인하고 있습니다. 온라인 수련 수첩을 처음 사용하면 생소한 메뉴로 불편함이 있지만 금방 익숙해질 것입니다.

수련 수첩은 수련 과정에 대한 기록을 모아 두는 곳입니다. 먼저, 수련생이 확인 받고자 하는 기록을 올려서 승인 요청을 하면 수퍼바이저 선생님이 확인을 해 주는 시스템입니다. 매번 승인을 바로 해 주시는 수퍼바이저 선생님과 나중에 자격 심사 전에 몰아서 승인을 해 주시는 스타일의 선생님이 있기 때문에 미리 수퍼바이저 선생님의 승인 스타일을 잘 파악해 놓으면 수련 수첩 관리에 도움이 되겠습니다.

수퍼비전 기록은 수련생도 바로바로 수첩에 기록하는 경우가 대부분이지만 다른 부분, 특히 상담 회기 실기 기록은 조금만 게으름을 피우면 미루게 되는 경우가 많기 때문에 따로 엑셀이나 다른 문서에는 꼼꼼히 기록해 놓았다가 심사 전에 정리를 하면서 수련 수첩에 모두 기록할 수 있도록 해야 합니다.

8) 놓치기 쉬운 수련 자격 요건

* '접수면접 20건' 실시 요건

접수면접이란 초기면접이라고도 하는데 내담자의 호소 문제 및 배경 등을 파악하는 상담의 첫 번째 단계라고 볼 수 있습니다. 상담심리사 2급 자격 요건에서 '접수면접 상담 및 심리검사 접수면접 20회 이상'을 요구합니다. 자격 요건 중 숫자로만 보면 상담 총 50회기 다음으로 가장 큰 횟수를 요구하는 항목입니다. 저자도 처음에는 앞이 깜깜했습니다. 학생생활상담센터에서 수련을 받고 있지 않은 상태에서 접수면접상담의 기회가 많지 않았고, 상담을 진행하기로 한 내담자마다 접수면접으로 1회기를 인정받더라도 수련생의 입장에서 일 년에 20명의 내담자를 만날 수 있다는 보장이 없었으니까요.

결과적으로 다행히 해당 요건을 채웠습니다. 이 문제를 해결하기 위해 한국상담심리학회 홈페이지 자격 검정 FAQ를 꼼꼼히 살펴보고 Q&A 게시판을 통해 한국상담심리학회 간사분들과도 적극적으로 소통했습니다. 이 과정을 거치고 나니 1년간 충분히 접수면접 20건을 채울 수 있다고 판단했습니다. 제가 실시한 상담사례 중 초기면접만 진행하고 다른 상담사에게 연계한 사례, 초기면접부터 이후의 회기까지 이어서 진행한 사례, 심리검사 접수면접 사례를 모두 합치니 사례가 20건이 훌쩍 넘어 상담심리사 2급 자격검정 조건을 초과하여 학회에서 인정받을 수 있었습니다.

• '심리검사 10건' 실시 요건

상담심리학회에서 제시하는 심리검사 실시 인정 요건이 좀 복잡해 보였습니다. 홈페이지 FAQ에 나와 있는 심리검사 실시 인정 요건은 1) 한 사례당 2개 이상의 검사 조합, 2) 한 검사가 최소 수련 요건 사례의 1/2을 초과할 수 없음.

위의 요건 1)과 관련하여, 이러한 요건을 미리 파악하지 못하여 내담자 사례에 한 개의 검사만 실시한 경우 상담심리사 자격 검정을 위한 심리검사 실시 사례로 인정받을 수 없습니다. 요건 2)와 관련하여, 자격검정위원회에서 인정하는 개인용 검사가 아닌 검사를 사용하거나, 한 검사가 전체 사례의 1/2을 초과할 수 없다는 조건으로 인해 실제로 검사가 진행되었음에도 수련 요건에 부합하지 못해 수련 시간으로 인정받지 못하는 경우가 생깁니다. 예를 들어, 제가 일했던 기관 중 한 곳에서 모든 내담자분들에게 2개의 심리검사[다면적 인성검사(MMPI), 문장완성검사(SCT)]를 동일하게 실시하는 시스템을 가지고 있었습니다. 이러한 경우 심리검사를 10명의 내담자에게 실시했다고 가정을 해 봅시다. 실시한 10명 중 요건 2)로 인하여 한 검사가 전체 사례의 1/2에 해당하는 5명의 사례는 상담심리사 수련을 위한 심리검사를 실시한 것으로 인정받을 수 있으나 그 외의 5명은 인정받을 수 없습니다. 저자의 경우도 다른 내담자분들에게 추가적으로 심리검사를 실시하여 심리검사 실시 요건을 넉넉히 채우는 방식으로 자격 검정을 통과했습니다. 제가 설명한 부분은 상담심리학회 자격검정 FAQ에 좀 더 자세하게 나와있으니 상담심리사 수련 과정 중 미리 확인하고 꼼꼼하게 검토하면 좋겠습니다.

상담심리사 수련을 위해 인정받을 수 있는 검사 종류

- 자격검정위원회에서 인정하는 개인용 검사- MMPI, HTP, BGT, DAP, SCT, KFD, 성인 및 아동용 개인용 지능검사(예: K-WAIS, K-WPPSI, K-WISC, KEDI-WISC, K-ABC) 등.
- 자격검정위원회에서 인정하는 표준화 검사(개인용 이외의 검사)- 검사의 실시, 채점, 해석 등 전 과정이 표준화되어 있고, 공인된 출판사에서 제작, 판매하는 검사(예: 성격진단검사, 적성진단검사, MBTI 등).

〈출처: 한국상담심리학회 홈페이지〉

3

자격 시험(필기) 준비

- **자격 시험(필기) 응시 서류**
  - 자격 시험 응시 원서
  - 상담 경력 확인서
  - 성적 증명서 및 석사 학위 증명서(재학 증명서)

- **필기 시험 과목 및 합격 점수**
  - 시험 과목 : 상담심리학, 발달심리학, 이상심리학, 학습심리학, 심리검사(5과목)
  - 각 과목별 40점 이상, 평균 60점 이상 합격
  - 자격 시험 합격 유효 기간은 5년

〈출처: 상담심리학회 홈페이지〉

상담심리사 2급 필기 시험은 여성가족부 청소년 상담사 2급, 한국산업인력공단 임상심리사 2급 시험에 비해 난이도가 높게 느껴졌습니다. 범위가 상당히 넓고 정확히 어디서 나오는지에 대한 힌트가 전혀 없기 때문입니다. 그리고 시험을 보면서도 어려웠던 점은 객관식임에도 불구하고 'ㄱ, ㄴ, ㄷ 중 옳은 것을 고르라.'고 하는 문제가 대부분으로 문제에 대해서 상세한 내용을 알지 못하면 틀리기 쉬웠습니다.

마땅한 기출 문제집이 없는 것도 어려운 점입니다. 어쩔 수 없이 청소년상담사 2급을 준비하는 교재와 임상심리사 2급, 1급 필기 시험 대비 교재를 이용해서 공부하였습니다. 이 교재들이 필기 시험 준비에 실제 도움된 정도는 체감상 한 20% 정도인 것 같습니다. 그 이유는 상담심리학회 필기 시험 범위가 광범위하고 위의 교재들보다 좀 더 세부적인 내용의 학습을 요구하기 때문입니다. 꼼꼼한 공부를 위해 해당 과목에 대한 각론서를 요약 정리해야 될 필요가 있습니다.

시험 과목	상담심리학, 발달심리학, 이상심리학, 학습심리학, 심리검사

시험 과목은 위와 같습니다. 다섯 과목뿐이라 적은 것 같지만 상담심리사로서 필요한 대부분의 지식을 물어보는 필기 시험입니다. 한 과목이라도 100점 중 40점을 넘기지 못하면 과락으로 간주되어 다른 과목에서 고득점을 얻고도 자격 취득에 실패하는 경우가 생깁니다. 앞서 필기 시험을 본 선배 수련생 선생님들에게 물어봤을 때 공통적으로 하는 이야기가 특히 '발달심리학' 과목은 제대로 준비하고 시험을 보라는 것이었습니다. 위 다섯 개 과목 중 매년 어떤 과목은 어렵게 나오고 어떤 과목은 쉽게 나오는 등 과목 간 난이도에 변동이 있겠지만 특히 발

달심리학 과목은 어렵게 나오는 경우가 종종 있어왔고 발달심리학은 전 생애 발달이론 개념으로 정리된 각론서를 정리하듯이 공부하면 도움이 될 것입니다.

필기 시험을 통과하지 못한다면 결국 자격 취득에 다가서지 못합니다. 자신 없는 과목에서는 과락인 40점 이하만을 피하고, 자신 있는 과목에서 최대한 많은 점수를 획득할 수 있도록 준비하는 전략도 필기 시험을 통과하고자 하는 목표를 이루한 하나의 방법이 될 수 있겠습니다.

4

면접(자격 심사) 준비

1) 상담심리사 면접 과정

　기본적으로 '이론', '사례', '인성(윤리)' 문제가 주어집니다. 상담심리사 2급 면접의 경우 면접 대상자 세 명이 동시에 들어가고 면접관 세 명이 있는 3:3 면접이었습니다. 면접에 들어가기 10분 전 면접실 밖에서 진행 요원분이 사례 문제지를 나눠 줍니다. 두 문단 정도의 사례가 적혀져 있고 그 밑에 질문이 써 있습니다. 10분이 지나고 나면 문제지를 회수하였습니다.

　면접장에 들어가면 인사를 하고 의자에 앉습니다. 제가 들어갔던 면접장의 면접관 분들은 모두 저희를 편하게 해 주려고 노력하셨습니다. 그렇지만 압박 면접처럼 진행되는 면접장도 있기 때문에 면접관의 스타일에 따라 동요하면 안 되고 분위기에 휩쓸리지 않게 준비를 하고 있어야 합니다. 사례 문제의 경우 10분 정도 사례를 보는 시간에 어떤 식으로 이야기할지 고민을 하고 머릿속으로 예상 답안을 대략적으로 구성한 후 면접장에 들어가면 도움이 됩니다. 이론과 인성 문제의 경우 어떤 것이 나올지 모르기 때문에 긴장하지 않고 융통성 있게 대처를 하겠다는 마음을 가지고 있어야 합니다.

면접을 준비하기 위해서 저는 상담 수퍼비전 받았던 자료와 수퍼바이저 선생님의 피드백을 다시 공부하고 갔습니다. 그리고 지금은 나오고 있지 않지만 한국청소년상담복지개발원에서 2015년까지 매년 발간되었던『상담사례연구집』을 정독하면서 공부했습니다. 특히『상담사례연구집』에 수록되어 있던 논평이 많은 도움이 되었습니다. 그리고 상담심리사 시험을 보기 전 반년 전에 청소년 상담사 면접을 본 경험이 모의고사를 준비했던 것처럼 큰 도움이 되었습니다.

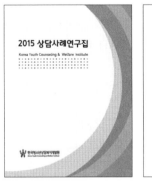

〈상담사례연구집/출처: 한국청소년상담복지개발원〉

2) 면접 예상 문제

아래는 제가 다양한 자료(시중에 나와 있는 심리상담 관련 자격증 교재, 심리학과 각론서, 상담사례연구집, 대학원 수업 노트 등)를 취합하고 정리하며 만든 면접 예상 문제입니다. 막막한 면접에 참고가 되시면 좋겠습니다.

사례 관련

- 상담에서 중요하다고 생각하는 요소는?
- (주어진 청소년 사례를 읽고)주 호소 문제와 상담 목표를 어떻게 정할 것인가?
- 부모가 의뢰한 비자발적 내담자는 어떻게 다뤄야 되는가.
- 사례에서 어떤 검사를 쓸 것이며, 예상하는 검사 결과는 어떠한가.
- 이 사례를 10회기 상담한다고 한다면 어떤 상담 목표를 설정할 것인가/어떻게 진행하고 싶은가.
- 이 내담자를 치료한다면 어떤 개입을 할 것인가.
- 이 사례의 핵심 문제는 무엇인가.
- 이 사례에 대한 개입 방법은 무엇인가.
- 이 내담자에게 추가적으로 얻어 내고 싶은 정보가 있다면 어떤 것인가.
- (주어진 대학생 사례를 읽고)사례개념화를 상담 이론 하나를 사용하여서 해 보세요.
- 상담 목표, 호소 문제 원인, 더 탐색해야 할 부분에 대해 말하시오.
- 이 사례를 상담할 때 예상되는 어려움.
- 상담 목표와 전략을 세워 보세요.
- 사례의 mmpi 척도를 보고 어떤 상담 개입을 할 건가요.

- 경계선 성격 장애의 진단 기준.
- 한 이론을 선택해서 그 이론의 인간관을 말해 보시오.
- 정신분석적 상담방법을 설명해 보시오.
- 피아제의 발달 이론에 대해 설명해 보시오.
- 객관적 검사와 투사적 검사의 장단점 및 예를 들으시오.
- 공감과 동정의 차이는 무엇인가?
- 역전이란 무엇인가
- 상담구조화가 무엇인지 설명하고 앞에 내담자가 있다고 생각하고 내담자에게 상담구조화를 시연해 보시오.
- 인간중심이론에서 상담자가 가져야 할 태도 세 가지를 말하시오.
- 해결중심치료에 대해서 설명해 보시오.
- 해리성 둔주는 무엇인가?
- 신체전환장애란 무엇인가?
- 인지치료/인간중심치료/정신분석에 적합하지 않은 내담자는 누구인가?
- 이중 관계가 무엇이며 왜 해로운가?
- 신경증과 정신증의 차이는?
- 청소년 상담과 성인 상담의 다른 점은?
- 사례개념화의 요소는 무엇이 있는가?
- 지능검사로 알아볼 수 있는 것은 어떤 것들인가?
- 인지치료와 REBT의 공통점과 차이점

- 상담 사례 중 개입이 어려웠던 내담자와 그 이유를 말해 보시오.
- 중요하다고 생각하는 윤리적 덕목과 이유를 말하시오.
- 앞으로 수퍼비전을 받을 때 어떤 부분을 중심으로 받을 것인가.
- 내담자가 돈 빌려 달라고 할 때 어떻게 대처할 것인가.
- 종결 준비 안 된 내담자가 종결하겠다고 할 때 어떻게 대처할 것인가./종결 시기가 안 됐는데 내담자가 종결하겠다고 할 때 어떻게 할 것인가.
- 10회기 이내로 비자발적 청소년 상담을 어떻게 진행할 것인가.
- 비밀 보장을 지킬 수 없는 경우를 말하시오.
- 내담자의 저항을 해결한 경험을 말해 보시오.
- 역 전이가 일어나면 어떻게 대처할 것인가.
- 청소년을 주로 상담했는데 그 외 다른 연령대의 대상을 상담해 본 적 있는가. 그 경험에 대해 이야기해 보라.
- 수퍼비전에서 지적받은 상담자로서의 문제를 해결하기 위해 어떤 노력을 하고 있는가.
- (수퍼바이저의 기록을 읽어 준 후)이 문제를 해결하기 위해 어떤 노력을 하고 있는가.
- 상담자로서의 단점은 무엇인가/상담자로서 약점과 강점은?
- 앞으로 지속적인 수퍼비전을 받는다면 어떠한 것을 받고 싶은가?
- 상담사 일을 하면서 이직을 해야 하는 경우가 잦을 텐데 그 경우 어떻게 할 것인가?
- 임신한 청소년 내담자가 임신 사실을 부모에게 절대 알리지 말라고 한다. 어떻게 할 것인가?
- 앞으로 어떻게 전문성을 개발해 나갈 것인가.
- 상담가로서 더 보충해야 하는 부분은?
- 가출 청소년 상담은 어떻게 할 것인가?
- 동성애자 청소년 내담자는 어떻게 상담할 것인가?
- 현재 상담자로서 역량을 기르기 위해서 무엇을 하고 있는가?
- 수퍼비전을 받는 이유는?

3) 자격 취득 준비 시 참고 및 추천 도서

자격 취득을 위해 대학원 과정에서 배웠던 교재들을 다시 정리하는 작업에 가장 많이 시간 비중을 두었으며, 상담심리사 시험 6개월 전부터 새로 본 책들도 시험 준비에 도움이 많이 되었습니다. 자격 취득 준비 시 참고 및 추천 도서는 다음과 같습니다.

* **상담심리학**
  - 『현대 심리치료와 상담이론』/권석만 저
  - 『정신분석적 사례이해』/Nancy McWiliams 저
  - 『상담심리학의 이론과 실제』/노안영 저
  - 『상담 및 심리치료의 기본 기법』/Jeanne Albronda Heaton 저

* **발달심리학**
  - 『발달심리학(전 생애 인간발달)』/정옥분 저
  - 『발달과학』/곽금주 등 역

* **이상심리학**
  - 『현대 이상심리학』/권석만 저
  - 『정신분석적 진단』/Nancy McWiliams 저
  - 『최신정신의학』/민성길 등 저

• 학습심리학

- 『학습과 행동』/김문수, 박소현 역

• 심리검사

- 『임상심리검사의 이해』/김재환 등 저
- 『MMPI-2 평가의 핵심』/David S. Nichols 저
- 『로르샤하 종합체계 워크북』/존 엑스너 저
- 『그림을 통한 아동의 진단과 이해』/신민섭 등 저
- 『심리학 연구방법』/David G. Elmes 등 저

• 면접

- 『상담면접의 기초』/김환, 이장호 공저
- 『사례로 읽는 임상심리학』/김중술 저

chapter 5

심리상담사 실무 및 진로 전망

1

심리상담사의 처우

대학원 때 상담심리학 전공 교수님이 수업 중 이런 말씀을 하셨습니다. '한국의 상담 분야는 제대로 피지도 못하고 지게 되었다.' 처음에 이 말을 듣고 상당히 놀랐습니다. 암울한 이야기를 꺼내야 하지만 왜 교수님이 이러한 말씀을 하셨던 건지 차츰 느끼게 되었습니다. 어렵게 상담심리사와 임상심리전문가 자격을 취득해서 상담 자격을 갖추었지만 상담의 관점에서 충분한 역량을 발휘할 수 있고 상담 본연의 업무에 집중할 수 있는 좋은 근무처의 자리가 부족함을 일부 체감했기 때문입니다.

예를 들면 다수의 상담사분들이 종사하고 있는 청소년상담복지센터의 '시간제 청소년 동반자' 업무는 행정보다 상담 자체에 집중할 수 있는 장점이 있지만, 자신의 업무에 비해 급여가 불만족스러웠다는 주변의 반응이 다소 많았습니다. 청소년기관, 교육청 위센터, 학생생활상담센터 상담원과 같은 풀타임 직장의 경우 정규직은 많지 않고 보통 계약직으로 상담사들이 일을 하고 경우가 많습니다. 계약직의 경우 2년 계약이 많고 재계약이 되지 못하는 경우도 많아 2년 단위로 다음 직장을 찾아야 하는 불안정한 노동 환경에 처해 있습니다. 대부분의 심리상담사들이 일을 시작하기 위해 대학원 수료 이상의 학력이 필요하여 긴 시간을 투자함에도 불구하고 정작 구직 후에도 처우가 좋지 못하기 때문에 불만족스럽다는 목소리도 들을 수 있습니다.

여전히 대중들에게 심리상담사들의 업무와 전문성에 대한 인식이 높지 않아 보입니다. 전문성을 확고히 하고 알리는 것이 직업인으로서 심리상담사의 처우를 올리는 데 중요하다고 생각합니다. 시간이 지남에 따라 심리상담사들의 업무와 전문성에 대한 인식이 높아지는 경향을 현장에서 체감하고 있습니다만 심리상담사들도 능동적인 태도로 심리상담의 전문성을 대중들에게 알리기 위한 노력이 필요해 보입니다.

2

일할 수 있는 곳들

1) 대학 학생생활상담센터

첫 걸음을 내딛은 주변의 심리상담사들이 일하고 싶다고 이야기하는 직장입니다. 그러나 가면 갈수록 상담에 비해 행정 업무의 비중이 높아지고 있다고 호소하시기도 합니다. 학생생활상담센터의 행정 업무는 대체로 대학 평가를 위한 실적을 기록/보고하고, 교직원 및 학생 대상 예방 교육 계획 및 집행, 결과 보고 등의 행정 처리까지 맡아서 하곤 합니다.

대학교마다 행정 업무와 심리 지원 서비스의 비중이 다릅니다. 예를 들어 어떤 대학교 학생생활상담센터 상담사의 경우 Full-time 근무를 함에도 일주일에 상담 케이스를 3개 정도만 진행하는 경우도 있는 반면 다른 대학교 학생생활상담센터에서는 매일 3케이스씩 상담을 진행하는 학교도 있습니다. 장점으로는 심각한 정신과적 문제를 호소하기보다는, 건강한 일상생활을 위해 예방 관리적 차원에서 상담 장면을 찾은 대학생들의 비율이 일반적인 상담소보다는 높은 편이므로, 이들을 대상으로 상담을 진행하고 10회기 정도는 상담을 꾸준히 지속할 수 있어 안정적으로 상담 실력을 키우는 데 도움이 됩니다. 단점으로는 역시나 급여와 안정성입니다. 급여는 대학교마다 상이하나, 대체로 200만 원 내외라고 말하는 주변 상담사분들의 이야기가 많았습니다. 대부분의 고용형태는 1년 계약에 추가 1년 연장 조건이 상당수입니다.

상담사는 일을 하며 돈을 벌고 있어도 그만큼 지출 역시 상당합니다. 수퍼비전 비용, 워크샵 비용 그리고 자기 분석을 위해 교육 분석까지 받고 있다면 200만 원 내외의 급여로는 크게 만족하기 어려운 실정입니다. 그럼에도 전국적으로 학생생활상담센터가 설치된 대학의 수는 많은 편으로 대학교에서의 상담을 자신의 경력으로 삼고 싶은 심리상담사에게는 좋은 선택지가 될 것 같습니다. '부록 B 전국에 설치된 학생생활상담센터'를 정리해 놓았으니 참고하시면 되겠습니다.

2) 청소년 기관

대표적인 청소년 기관은 여성가족부 산하 청소년상담복지센터입니다. 처음 직장을 구하고자 하는 심리상담사들이 일할 수 있는 자리가 꽤 있습니다. 전국적으로 설치되어 있고, 서울의 경우 각 구 및 시에 설치되어 있습니다. 다른 지역의 경우 지역의 크기에 따라 도 또는 시에 1개 이상은 설치되어 있습니다.

이 기관에서 심리상담사들은 청소년 동반자 또는 팀원으로 채용될 수 있습니다. 청소년 동반자의 경우 한국청소년상담복지개발원에서 정의한 고위기 청소년[1]들에게 찾아가는 상담을 제공하는 일을 합니다. 시간제와 전일제로 나뉘는데 시간제의 경우에는 일주일에 12시간 정도만 일하면 되어 대학원 과정에서도 바로 일을 시작할 수 있어 선호도가 있습니다. 전일제의 경우 평일 Full-time 근무를 해야 하고 일주일에 맡는 사례가 시간제 청소년 동반자보다 많아 힘이 들 수도 있지만 급여가 상대적으로 더 많고, 4대 보험이 적용되는 점을 장점으로 볼 수 있습니다. 행정 업무는 최소화되어 있고 상담 횟수를 많이 채워야 해서 상담 경험을 쌓기에 좋다는 장점이 있습니다.

팀원의 경우 각 청소년상담복지센터에서 운영하는 사업을 맡아 하고 추가로 상담을 실시하기도 합니다. 사업을 운영해야 하기 때문에 상담을 많이 할 수 없는 것이 단점이지만 안정적으로 경력을 쌓을 수 있고 경력이 쌓이면 팀장, 최종적으로는 센터장까지 승진도 할 수 있

---

1 위험 요인이 많고 위기 및 문제 행동(인터넷 중독, 학업 중단, 학교 폭력, 가정 폭력, 아동 학대, 성 문제, 가출, 약물 사용, 자살)에서 1개 이상 해당할 때 고위험군으로 판정됨(김동민 외, 2016).

는 가능성이 열려 있다는 장점이 있습니다.

교육부에서 운영하는 위센터, 위클래스도 심리상담사들이 취직할 수 있는 일자리입니다. 위클래스는 학교 내에 설치되어 있고, 위센터는 대부분 학교 밖에 설치되어 있습니다. 위센터와 위클래스는 기본적으로 전문상담교사가 일을 하는 기관이지만 전문상담교사의 수가 많지 않기 때문에 상담심리사 2급 또는 전문상담사 2급 및 청소년상담사 2급을 가지고 있는 심리상담사 분들을 고용합니다. 여기도 마찬가지로 사업을 운영하기 때문에 상담 경험을 아주 많이는 쌓을 수 없다는 단점이 있습니다만 학교 상담에 특기를 가지고 싶은 심리상담사에게 좋은 직장이 될 것입니다.

그 외에도 몇 년 전부터 인터넷 스마트폰 과다 사용 문제가 심해지고 있어 서울시에서 조례를 만들어 인터넷중독예방상담센터(아이윌센터)를 운영하고 있습니다. 청소년상담복지센터와 비슷한 업무를 하기도 하지만 인터넷·스마트폰 과다사용 개입에 특화되어 있어 청소년 중독 문제에 관심이 있는 심리상담사들에게도 매력적인 직장이 되겠습니다.

주로 초등학교에 스마트 미디어 과다 사용 예방 교육이나 집단상담을 직접 진행하러 가는 등 학교와 연계된 활동을 많이 합니다. 또한 매년 운영되는 스마트 미디어 과다 사용 치유 캠프 등 초등학생 대상 캠프를 운영하거나 캠페인 활동을 하는 업무가 많아 상담실에서 앉아서 하는 상담보다는 출장과 외부 활동의 비중이 높을 수 있습니다.

서울 외 다른 지역에서는 여성가족부 예산을 받아 인터넷중독예방상담센터에서 하고 있는 사업과 유사한 내용의 사업을 신행하고 있어 서울 외 수도권 및 다른 지역에서도 청소년 중독 문제와 관련된 일을 할 수 있습니다.

3) 기업상담(EAP 상담)

기업 상담 형태의 발전

- 1994~ 내부형 사내 상담실
  : 삼성, LG, 기아, 현대, SK 등 대기업 중심, 30개사
- 2004~ 외부형, EAP 전문 업체
  : 공기업 20개사, 대기업 80개사, 중소기업 550개사 내외
- 2007~ 정부 지원사업(노동부 사회적 일자리 사업)
  : 중소기업

〈김재형(2014). 『新기업상담모형의 개발에 관한 연구』〉

직원들의 심리적인 고충을 돕고, 정신건강 관리에 기여하는 모든 활동이 기업 심리상담사 역할입니다. 보통, 개인상담 및 심리검사, 집단

상담을 하는 것처럼 일반적으로 상담사가 하는 일을 한다고 보면 되겠습니다. 여기에 더해서 기업 내 구성원들에게 스트레스 관리 또는 정신건강 관리 교육을 하는 등 교육 및 워크샵을 정기적으로 하며, 코칭과 자문가로서의 역할도 병행합니다.

기업 상담 운영 형태는 1) 내부형 사내 상담실 2) 외부업체를 통한 상담 제공 방식으로 나뉩니다. 보통 사업장 규모별로 운영 방식이 달라집니다. 대표적으로 삼성, LG, SK와 같은 임직원 1,000명 이상의 직장에서는 법적으로 내부형 상담실 구축이 가능합니다. 내부형 상담실의 경우 기업 경력직 사원을 뽑는 것과 유사한 방식으로 구인이 되고 이러한 채용 공고가 상담심리학회 또는 임상심리학회에도 공고되는 편입니다. 채용이 되는 경우 해당 직장에 취직하는 방식으로 인사팀에 소속이 됩니다. 2급 자격이라면 최종 합격을 위해선 추가적인 상담 경력이 요구될 수 있습니다. 임직원 1,000명 이하의 직장에서는 파트타임 상담사를 채용하거나 갈수록 내부형 사내 상담실 보다는 EAP 전문업체에 의한 외부형 기업 상담 형태로 고용이 되는 흐름을 보이고 있습니다.

기업 심리상담사는 '직무 스트레스'라는 포괄적인 상담 주제를 잘 다룰 수 있어야 합니다. 기업의 직무에 따라 종사자들이 겪는 직무 스트레스가 상이할 수 있기 때문입니다. 한국상담심리학회 내 정리된 기업

상담 매뉴얼에서는 다음과 같은 내용이 기술되어 있습니다.

'직무 스트레스는 업종에 따라 차이가 있는데, 서비스업 등 감정 노동을 하는 종사자들은 감정 노동 스트레스가 높고, 업무상 위험한 기계나 설비, 인간의 생명과 직간접적으로 연결되어 있는 직종은 외상후 스트레스 장애, 공황 장애, 우울이 높게 나올 수 있다.'

기업에서 직무 스트레스를 경험하는 내담자를 만나고자 하는 심리상담사는 자신이 속한 기업의 업종의 특성에 대해 파악하는 것이 필요하겠습니다.

또한, 통계적으로 기업 상담에서 주로 만나는 내담자분들은 상담 장면에서 직무 스트레스 외에도 가족 문제를 호소하는 경우가 상당히 많은 것으로 보고되고 있습니다. 직무 스트레스가 회사에서만 끝나는 것이 아니라 가족 내 문제와 서로 상호 작용을 하는 경향이 있는 것으로 알려져 있습니다. 부모 교육 및 부부 치료와 관련한 이론적인 학습과 경험이 큰 도움이 될 수 있겠습니다.

한편, 기업 심리상담사로서 어려운 점들도 존재합니다. 첫 번째로, 심리상담사들이 내부형 사내 상담실에서 입사 후 기업 문화에 적응하기 위해 상당한 노력이 드는 경향이 있습니다. 심리상담사들은 당연스레 기업에서 일을 해 보지 않은 경우가 더 많고, 전문성이 확보되어 있기에 자신의 독립된 테두리가 보장된 업무 환경에서 일한 경우가 많기 때문입니다. 이에 따라 사무 관리직 직원들은 상사, 동료, 부하와의 대인 관계 스트레스를 경험하기도 합니다. 두 번째로, 기업 측에서는 상담사에게 상담 능력만을 요구하지 않는다는 것입니다. 기업에는 심리학자들이 거의 없는 경우가 많습니다. 그래서 내부형 사내 상담실에 근무하는 상담사는 기업 내 유일한 심리학자로서 채용 및 인력 관리와 관련한 여러 가지 심리 자문도 요구받을 수 있습니다.

4) 국가·공공기관

* 병영생활 전문상담관

규모가 큰 대표적인 국가 기관으로 군대가 있습니다. 군에서는 병사들에 대한 상담적 개입을 2005년부터 진행하고 있습니다. 벌써 17년 가까이 진행되어 온 병영생활 전문상담관 제도는 긍정적인 피드백을 받으면서 정착했습니다. 병영생활 전문상담관의 주요 역할 및 임무는 복무 부적응 장병 식별·관리 및 현장 위주 상담이라고 볼 수 있습니다.[2]

기간제 근로자라는 처우의 문제는 있지만 올해 기준 300만 원 정도

2   국방부(2009). 『병영생활 전문상담관 운영에 관한 훈령』

의 페이와 어느 정도 안정된 업무, 구조화된 조직에서 상담을 할 수 있는 보람 등이 있어서 많은 상담사 분들이 지원을 하고 있습니다.

군대 내 상담사로서 어려운 점으로는 우선 첫 번째로. 군대 내 복무 부적응 및 자살 위기군 등 고위험군들을 대상으로 상담을 진행하는 경우가 많아 상담사의 소진이 심할 수 있고, 위기 개입이 비중이 많아 상담의 책임감도 높은 편이라고 합니다. 두 번째로, 지속적으로 진행할 수 있는 장기 상담 회기가 많지 않습니다. 세 번째로, 상당수의 자리들이 도심을 벗어나 경기도 외곽, 강원도 외곽에서 근무를 해야 돼서, 평소에 살던 곳과 떨어져 이에 적응적 어려움을 느낀 근무자들의 경우 이직률이 크다는 것입니다.

* 피해자 전담 경찰관

군과 더불어 큰 국가 조직인 경찰에서 심리학 전공자들을 피해자 전담 경찰관으로 채용하고 있습니다. 범죄 피해자들에 대한 보호 및 지원과 상담을 제공할 수 있는 인력으로 경찰공무원의 신분으로 심리상담을 할 수 있습니다. 보통 경찰서마다 피해자 전담 경찰관이 1명 정도 배치되어 있습니다. 국가직 공무원이므로 직업적 안정성이 크고 범죄 피해자분들을 만나 도움을 줄 수 있다는 점이 있습니다. 범죄 피해와 관련한 상담 영역에서 전문성을 키우고 싶다면 좋은 직무라고 볼 수 있습니다.

경찰 조직 내 상담사로서 어려운 점으로는 첫 번째로, 경찰 공무원 특성상 행정 업무가 많을 수 있고, 심리상담뿐 아니라 대민 지원 업무 등 경찰 공무원으로 하는 공통 업무도 수행해야 되는 경우가 있습니다. 두 번째로, 현재 기준으로 피해 전담 경찰관 본연의 업무를 하기 전 지구대에서 6개월, 형사과에서 6개월 순환 근무를 미리 해야 하는 점을 감당해야 합니다. 즉, 채용 후 처음 1년 간은 상담사라 하더라도 일반인들이 생각하는 보편적인 경찰 업무를 하게 됩니다. 주취자들을 만나거나 범죄 상황 출동에 따라가기도 하는 등 상담사가 하리라곤 예상하지 못했던 업무 상황에 마주칠 수 있습니다. 세 번째로, 강력 범죄, 성범죄 기록을 자주 보게 되는 등 상담자의 간접 외상에 대한 주의가 필요할 수 있습니다.

• 시·도민 대상 심리지원센터/근로복지공단 전문상담센터

서울시 조례에 의해 개소한 서울시 심리지원센터라고 하는 곳이 있습니다. 만 19세 이상의 서울시민 또는 서울 소재 직장이나 학교에 다니는 누구나 무료로 심리상담을 받을 수 있는 기관입니다. 서울심리지원센터는 동북권, 동남권, 서남권, 중부권으로 나눠 권역별 심리지원센터를 운영하고 있다. 보통 직원들로 임상심리사와 상담심리사를 고용하고 있습니다. 상근직으로도 일할 수 있으나 프리랜서 상담사 비중이 높습니다. 최근에는 경기도에서도 도민들이 이용할 수 있는 심리지원센터가 개소되는 등 다른 시·도에서도 이러한 모델이 확장 운영될 가능성이 있습니다.

　최근에 큰 규모로 많은 인원을 선발한 곳이 있습니다. 근로복지공단 직업적트라우마 전문상담센터가 지역별로 개소되었는데요, 주요 업무로 감정 노동 사건, 대형 산업 재해, 노동자 자살 사건 등 일반 EAP 상담보다 좀 더 외상적인 피해를 입은 내담자들에 개입하게 됩니다. 임상심리사 또는 상담심리사, 전문상담사를 채용하고 있습니다. 직무 스트레스와 직무상 트라우마 경험에 대해 전문적인 경험을 쌓을 수 있을 것으로 보입니다.

5) 정신과 병·의원

　정신과 병·의원에서 정신과 환자들을 대상으로 상담 및 심리치료를 해 줄 수 있는 심리상담사를 고용할 수 있습니다. 대부분이 임상심리사가 이 업무를 수행하지만 한국상담심리학회 상담심리사 자격을 가진 분도 고용하는 병·의원이 있습니다. 주로 비약물적 치료의 한 방법으로써 상담 및 심리치료를 진행합니다. 임상심리사는 정신과 환자 대상 종합적인 심리평가와 심리상담을 모두 소화하는 편이고 상담심리사 자격을 가진 분들의 경우 심리평가는 거의 하지 않고 심리상담을 전담하는 경향이 관찰됩니다. 보통 우울증이나 불안증으로 내원하시는 분들에 대한 상담이 대부분이나 약물 치료가 병행될 경우 초기 정신증 환자분들에 대한 심리상담도 의사의 판단에 따라 간혹 하게 될 수 있습니다. 정신과 병·의원에서 일하게 될 경우, 기본적인 상담 역량에 더하여 정신병리(이상심리학)에 대한 전문적인 이해가 요구됩니다. 기본적으로 상담심리 커리큘럼에서는 정신병리와 이상심리 과목이 있긴 하지만 상담심리학에서는 정신병리에 대한 개입보다 적응의 문제를 다루는 것이 일반적으로 더 우선시되는 경우가 있어 왔습니다. 그러나 심리치료와 심리상담의 경계가 모호해지고 근무 영역의 확대에 따라 상담심리사들에게도 정신병리에 대한 전문적인 이해가 더욱 요구되고 있습니다. 고용 동향은 풀타임보다는 파트타임(프리랜서) 공고가 나는 경우가 많습니다.

6) 상담소 개업

직장에 소속된 상담사의 경우 기관이 추구하는 방향으로 인해 제약이 생기기도 합니다. 내담자에게 필요한 장기상담을 진행 못하는 경우가 있을 수 있으며, 상담 시 필요한 심리검사 선택에 대한 자율성이 제한되어 있는 경우들이 발생합니다. 상담소를 개업한다면 상담자 특성과 장점을 살린 방향과 이론적 방식에 근거하여 자신의 상담 방식에 맞게 일을 해 나갈 수 있다는 장점이 있습니다. 내방하시는 내담자 분들의 주요 호소에 맞게 한 분마다 충분한 시간을 가지고 꼼꼼하게 호소 문제를 다룰 수 있습니다. 다만 상담뿐만 아니라 센터 운영에 많은 시간을 할애하고 월세 등 운영비가 드는 것이 단점입니다. 적자가 생길 수 있다는 위험 요소 등으로 인해 많은 상담사들의 고민이 따르기도 합니다.

7) 향후 주목해야 할 영역

심리상담사는 사회적인 분위기와 서비스 수혜자들의 요구에 따라 융통성 있게 자신의 전문 상담 영역을 확장시킬 수 있는 자원과 용기가 필요합니다. 다음에서 저자가 주목하고 있는 향후 주목해야 할 특화된 심리상담 영역을 소개하도록 하겠습니다.

• 다문화 상담

우리나라는 과거 '한민족'이라는 개념인 단일한 인종·문화가 보편적으로 받아들여졌으나 최근 들어서는 사회 구성원이 점점 다양해지면서 다양한 문화적 배경을 가지고 있는 내담자들을 만나는 비율이 늘어나고 있습니다. 개인의 다양한 문화적 배경에 대해 이해하지 못할 때 상담의 효과도 보장하기 어려우며, 오히려 무지의 피해를 내담자가 입을 수 있을 것입니다. 초기에는 다문화 상담이 혼인을 통해 국내로 이주한 배우자, 그리고 다문화 배경을 가진 아이들(자녀)에 집중되어 있었습니다. 최근에는 유학생, 해외에서 한국으로 온 이민자, 난민 등으로 다문화 상담 영역이 확장되고 있습니다.

• 디지털 성범죄 관련 상담

최근 전세계적인 인권 단체인 '휴먼라이츠워치'에서 한국의 디지털 성범죄에 대한 인권 보고서를 상세하게 공개했습니다.

> '2008년에는 한국에서 발생한 성범죄 사건 중 불법 촬영 관련 사건이 4% 미만이었으나, 2017년에는 그러한 사건의 수가 585건에서 6,615건으로 11배 증가하면서 전체 성범죄 사건의 20%를 차지했다.'

2017년 기준으로 한 해에 최소 6,615명의 피해자들이 큰 고통을 받고 있으며, 피해 컨텐츠의 확산성과 더불어 반영구인 기록으로 남을 수 있다는 공포감이 피해자들의 정신 건강에 심각한 부정적 영향을 미치고 있습니다. 피해자들에 대한 가장 우선적인 심리치료와 더불어 디지털 성범죄 가해자들의 처벌 후 이루어져야 할 예방적 교육, 치료에까지 다양한 영역에 심리상담사로서의 역할이 요구되고 있습니다. 기존 성범죄와 또 다른 특징을 가지는 디지털 성범죄의 특수한 현황 및 패턴, 피해자의 심리에 대한 보다 전문적인 이해력이 반드시 필요하겠습니다.

• 고독사 예방 상담

'고독사'란 가족, 친척 등 주변 사람들과 단절된 채로 홀로 사는 사람이 자살·병사 등으로 혼자 임종을 맞고, 시신이 일정한 시간이 흐른

뒤에 발견되는 죽음을 말합니다. 과거에는 고독사는 보통 노인분들에게 관련 있는 단어였지만 지속적으로 1인 가구의 증가로 인해 사람들과의 연결이 줄어들어 단절되고, 고독과 외로움을 겪는 인구가 증가하고 있습니다. 다행히 2021년 4월 1일에 '고독사 예방 및 관리에 관한 법률'이 제정되었습니다. 이 법 조항 중 16조에서 '노인복지시설·사회복지시설의 장 등은 고독사 예방을 위하여 그 이용자 등을 대상으로 정기적인 상담·교육을 실시할 수 있도록 노력하여야 하고, 국가 또는 지방자치단체는 이에 필요한 지원을 할 수 있도록 함.'을 명시하고 있어 심리지원 또는 심리상담의 영역으로 포함될 가능성이 많습니다.

3

현장 심리상담사의 하루

　대표적으로 청소년 기관과 학생생활상담센터의 하루를 예로 들어 보겠습니다. 풀타임 근무의 경우에는 아래와 같이 회의 또는 미팅 참가, 심리상담, 행정 업무 등이 하루 일과에 포함됩니다. 기관별로 다소 상이할 수 있지만 대체로 청소년 기관에 비해 학생생활상담센터 풀타임 근무자가 심리상담을 진행하는 비중이 높은 편입니다.

현장 심리상담사의 하루 예시

- **청소년기관 심리상담사**

  9시-10시, 팀 회의 참가

  10시-11시, 주간보고 및 월간 결과보고 작성

  11-12시, 진행 사업 관련 미팅

  12-13시, 점심 식사 및 휴식

  13시-15시, 사업 진행 관련 물품 구입

  15시-17시, 심리상담 2건 진행

  17시-18시, 상담 기록 정리 및 업무 마무리

- **학생생활상담센터 심리상담사**

  9시-12시, 개인상담 진행

  12-13시, 점심 식사 및 휴식

  13-14시, 사례발표회의 참석

  14-16시, 집단상담 진행

  16시-18시, 상담 일지 작성 및 행정 업무 처리

4

심리상담사 실무에서 주의할 점

1) 윤리 문제

Herlihy&Corey(2015)에 의하면 상담 과정에서 다음 표에 정리된 것과 같은 비윤리적 행동들이 흔하게 일어난다고 합니다. 이러한 내용들은 상담 관련 학회의 윤리 규정에 자세하게 명시되어 있으니 자신이 취득하려고 하는 자격증을 관리하는 학회의 윤리규정을 꼼꼼히 보고 숙지하기 바랍니다.

- 비밀 보장 위반
- 심리상담사가 자신의 전문성을 초과
- 심리상담 업무 태만
- 자신이 모르는 전문 지식을 알고 있다고 주장
- 내담자에게 특정한 가치를 강요
- 내담자로 하여금 의존적이 되게끔 하는 것

- 내담자와의 성적인 행동
- 이중 관계와 같은 개인적 관심으로 인한 마찰
- 의심스러운 금전 처리 방식
- 부적절한 홍보

2) 비밀 보장

초보 심리상담사들이 많이 범하는 실수는 상담에서 얻은 정보에 대한 비밀 보장의 원칙을 간과하게 되는 것입니다. 초보 심리상담사들의 경우 많은 사례들에 대해 수퍼비전을 받아야 되고, 처음 만나는 유형의 내담자분들을 상담하면서 자신이 진행한 상담 경험을 주변 동료들과 공유하고 동료들로부터 상담에 대한 피드백을 받고 싶은 충동을 받게 됩니다. 이런 충동을 매우 경계하고 조절해야 합니다. 비밀보장이 되는 조건으로 내담자분들은 상담에서 자신의 내밀한 이야기를 어떻게 보면 낯선 심리상담사에게 신뢰를 보내며 꺼내 놓은 것이기 때문입니다.

안타깝게도 특정 기관에 근무했을 당시, 자원봉사자나 대학원생이 자신이 얼마나 힘든 케이스를 맡고 있는지 호소하기 위해 내담자의 과거력, 배경을 여기저기 자발적으로 잡담처럼 이야기하는 놀라운 경우를 목격하기도 했습니다. 물론 당연히 그렇지 않은 분들이 상당수입니다만, 이는 윤리 위반일뿐더러, 반대로 자신의 입장이라고 생각해 봅시다. 내담자 이야기를 사적인 시간에 함부로 동료들에게 이야기하는 상담자에게, 과연 자신은 상담을 받고 싶을까요? 비밀이 보장된다고 믿고 이야기를 할 수 있을까요? 내담자의 권익과 심리상담사로서의 직업적 생명이 걸린 문제이기 때문에 비밀 보장의 문제는 가장 중요하다고 할 수 있겠습니다.

3) 내담자의 자해/자살 위기

심리상담을 꾸준히 하다 보면 자주 접하게 되는 내담자분들의 주요 호소 내용 중 한 가지는 자해와 자살입니다. 실제로 자해 또는 자살을 시도하지 않더라도 상담 장면에서 내담자의 자해와 자살 충동에 대해 듣게 되면 여러 가지 생각이나 감정들이 들게 될 수 있습니다. 심도 있는 개입을 위해 슈퍼비전 혹은 교육 등을 통하여 어려운 케이스에 대한 도움의 길을 마련하는 것은 당연한 것이지만, 종종 '내가 혹시나 제대로 도와주지 못해서 내담자가 자해를 하거나 자살 시도를 하게 된다면 어떡하지.'라는 생각을 하게 되기도 한다고 호소하는 상담자 동료들이 계십니다. 실제로도 심리상담사 중 상담을 진행하고 있는 내담자가 자살로 사망하는 경우가 있어 해당 심리상담사가 자신을 자책하고 충격에서 벗어나지 못해 상담현장으로 복귀하는 데 반년이 넘게 걸린 안타까운 경우도 있었습니다. 자살 문제는 예방적으로 접근하여 자살

의도가 없는 자해일 가능성이 크더라도 주의 깊게 관찰을 하고 언제든지 위기 개입을 할 수 있게 대비를 해야 할 것입니다. 자해 문제 또는 자살 위기와 관련해서 심리상담사가 혼자서 대처하기 보다는 유관 분야 전문가들과 협력을 하여 내담자가 위기 상황을 벗어날 수 있게 도움을 줄 수 있습니다. 예를 들어, 정신과 전문의와 협력하여 약물 치료를 병행하면서 상담을 이어 나가는 것입니다.

4) 소진 및 간접 외상 관리

심리 상담에서 다루어지는 이야기들은 내담자의 고통과 슬픔이 담겨 있고, 외상 사건에 대한 것들도 많습니다. 심리상담사는 이러한 부정적인 정서가 담긴 이야기를 집중해서 들을 수 있게 훈련을 받지만 자신을 잘 돌보지 못하고 상담 업무가 많아지는 경우 소진이 올 수 있습니다. Maslash(1982)에 따르면 소진이란 '정서적 고갈, 비인격화, 개인 성취감의 감소를 특징으로 하는 상담사에게 발생할 수 있는 현상'으로 정의하고 있습니다.

프리랜서로 계약을 하여 내담자 한 명당 페이를 지불받으면서 상담을 하는 심리상담사들이 늘어나고 있습니다. 자신의 역량과 기회에 따라 풀타임으로 일하는 경우보다 많은 수입이 생길 수도 있지만 하루에 5명 이상씩 평일, 주말 없이 일을 하는 경우 시간적으로도 상담에 쏟는 시간이 많고 위기개입을 해야 하는 내담자들을 만나게 되는 경우 소진되기 쉽습니다. 소진이 생길 경우, 심리상담사로서의 직무 만족감이 저하되고 상담사의 주 역할인 사람을 만나는 일이 고통스럽게 다가오게 될 수 있습니다.

소진이 되지 않게 먼저 업무 환경을 조정하는 것이 중요하지만, 심리상담사는 그 누구든지 상황에 따라 소진에 직면할 수 있습니다. 그럴 경우 자신이 소진되었다는 것을 빨리 알아차리는 것이 중요합니다. 다음의 경우 소진의 대표적인 반응들입니다.

- 지쳐서 탈진이 되는 느낌.
- 내가 할 수 있는 일이 아무것도 없을 것 같은 느낌.
- 실패했고 업무를 잘 못하고 있다고 느낌.
- 냉소적인 태도로 다른 사람들과 단절되고 감정이 결여되고 무관심해짐.

---

5) 내담자의 문제에 집중하느라 자원(강점) 탐색을 소홀히 하지 않기

심리상담사의 훈련 과정에서 내담자의 문제를 신속하고 제대로 파악하는 것은 매우 중요합니다. 신속하고 정확한 문제 파악이 되어야 방향이 분명한 개입이 가능해집니다. 그렇기에 심리상담에 활용되는 많은 수의 심리검사도 병리적인 관점으로 정상 범주에서 얼마나 벗어나 있는지를 측정하는 경우가 많습니다.

초보 심리상담사의 경우, 내담자의 문제만을 구조화하고 심도 있게 파악하기에도 에너지가 많이 듭니다. 보통 내담자의 문제를 파악하고 개입 방식을 결정하는 자료가 되는 것이 사례 개념화(Case formulation)인데, 사례 개념화를 제대로 하기 위해서 필요한 것은 이론을 습득하고 수퍼비전을 지속적으로 받는 것입니다.

이 과정에서 내담자의 문제에 초점을 맞추다 보니 내담자의 강점, 자원 탐색에 소홀히 하는 경우가 많아질 수 있습니다. 인간은 문제만 가지고 있는 경우는 없습니다. 내담자에게 발생하고 있는 문제가 환경적, 상황적 요인 등으로 인하여 내담자의 자원과 강점이 발휘되지 못하고 있는 상황이라고 정의하기도 합니다. 이러한 자원을 찾으려는 시도는 내담자를 문제만 가진 사람이 아닌 유기체적 존재로 볼 수 있게 하고 실제로 문제를 해결할 수 있는 핵심을 알려 줄 수 있습니다. 면담 등을 통해 비구조화된 방식으로 강점과 자원을 파악하는 방법도 있으나 시중에 표준화된 강점 검사 등을 활용하는 것도 좋은 접근 방법입니다.

6) 유관 분야 전문가들과 협업

대부분의 심리상담사들은 한 개인의 내면을 깊게 탐색하고 이해하는 것을 선호합니다. 그렇지만 내담자의 문제를 해결하는 것에 정확히 심리적 요인이 100퍼센트를 차지하는 것은 아닙니다. 예를 들어, 취업과 주거의 문제 등 경제적인 문제를 호소하며 심리상담을 받는 경우도 상당히 많고 법률적인 문제 및 사별에 대한 어려움으로 심리상담에 참여하게 되는 경우도 많을 것입니다. 이러한 경우 심리상담사가 내담자의 외적인 환경을 온전히 해결해 줄 수는 없습니다. 다만 힘든 상황을 감내하거나 적응도를 높일 수 있도록 옆에서 지지적인 관계를 유지하면서 문제 해결적인 심리적 개입을 하기도 합니다. 그렇기에 심리적인 요인에 영향을 줄 수 있거나 심리적인 요인보다 더 큰 수준으로 내담자에게 영향을 미치는 환경적인 요인도 충분히 도움을 받을 수 있게 도와줘야 합니다.

협업할 수 있는 타분야 전문가로는 의료진, 사회복지사, 직업상담사, 법률가 등 개인의 처한 환경적인 문제에 따라 다양하게 존재할 수 있기 때문에, 심리상담사 개인이 직접 타 분야 전문가들을 일일이 알고 있기는 어려울 수 있습니다. 경제적, 사회복지적, 법률적 문제들에 개입하는 공공기관을 리스트화해서 자료로 만들어 둔다면 내담자에게도, 상담자에게도 큰 도움이 될 것입니다.

심리상담사로서의 성장을 위한 것들

1) 심리상담을 성공적으로 이끌기 위한 요소

심리상담의 효과에 대한 여러 연구들이 누적된 결과, 심리상담사의 이론적 배경과 기술을 뒤로 하고, 심리상담을 성공적으로 이끌 수 있는 여러 요인들이 확인되었습니다. 여러 가지 선행 연구들과 저서[3]에서 밝혀진 핵심적인 공통 요인은 다음과 같습니다. 상담 관계에서 아래에서 밝히는 요인들을 지속적으로 발전시켜야 나가야 합니다.

* 치료적 관계

- 치료적 관계는 치료자와 내담자의 협력적 관계를 의미하며 치료적 동맹 또는 라포라고 불리기도 합니다.

---

3 Garfield, S. L.(1995). Psychotherapy: An Eclectic-Integrative Approach/권석만(2012). 현대 심리치료와 상담 이론/Seligman, Linda W.&Reichenberg, Lourie W.(2014). Theories of Counseling and Psychotherapy.

＊ 자기 자신과 문제에 대한 이해와 통찰

- 내담자가 자신의 취약성과 증상 및 행동과 같은 자기 이해를 통해 자동적인 행동 패턴을 끊어 좀 더 기능적인 일상을 보낼 수 있습니다.

＊ 정서적 표현과 직면

- 정서적 표현과 직면은 내담자가 두려움에 직면하여 새로운 행동으로 대처하게 함으로써 문제를 개선시킬 수 있습니다.

＊ 적응적 행동의 습득과 반복

- 새로운 행동을 실천하여 긍정적인 결과를 경험하게 되면, 내담자는 문제 해결에 대한 자신감과 자기 효능감＊을 갖게 됩니다.

  ＊ 자기 효능감: 어떤 상황에서 적절한 행동을 할 수 있다는 기대와 신념.

＊ 내담자의 자기관찰을 촉진하기 위한 치료자의 성격

- 일반적으로 치료자의 정서적 안정성, 낙천성, 자기 효능감 등이 치료 성과와 긍정적인 관련이 있습니다. 어린 시절에 어려움을 겪었다고 인식하는 치료자들이 성공적인 치료 성과를 나타내는 경향이 있다는 연구들도 있습니다.

- 제가 상담 수련을 하던 중 상담을 잘 하기 위해서 어떤 능력을 우선적으로 길러야 하는지 상담 수련 감독자 선생님께 질문을 한 적이

있습니다. 당시 선생님이 해 주셨던 답변이 인상 깊었습니다. 일상에서의 상담자 자기 자신의 성격과 대인 관계 패턴을 다시 한번 돌아보고 단점이나 부족한 점을 보완하기 위한 연습을 하다 보면 상담을 잘할 수 있을 거라 얘기해 주셨습니다. 비유하자면, 상담자는 내담자의 거울과 같다고도 합니다. 거울이 깨끗하지 않으면 거울에 비친 형상을 온전히 제 모습대로 비추지 못할 수 있습니다.

2) 롤모델 정한 후 모델링하기

많은 상담사분들과 마찬가지로 저 역시 동료들과 심리상담의 기본 역량을 쌓기 위한 좋은 방법을 나누곤 하는데요, 능숙한 상담자 중 자신이 미래에 되고 싶은 상담자의 모습과 닮아 있는 롤모델을 정하고 그를 따라하는 방식도 하나의 좋은 방법으로 추천하고 싶습니다. 롤모델 방식을 통해 상담자 진로에 대한 목표 달성을 위한 의욕이 높아지고 진로 계획을 실천할 수 있는 힘을 얻을 수 있습니다. 숙련된 상담자가 될 때까지의 진로 동기를 지속적으로 유지하는 데 큰 도움이 됩니다.

롤모델이 될 심리상담사는 여러 가지 방법을 통하여 정할 수 있습니다. 가장 대표적으로 많은 영향을 주신 석사 과정 대학원 지도 교수님이 될 수 있고요. 집단상담 수업에서 시연을 한 경력이 많은 심리상담사가 될 수도 있습니다. 더불어, 상담 사례에 대한 수퍼비전을 해 주시는 수련 감독자분들이나 같은 상담 기관에 일하고 있는 선임 상담사분들처럼 함께 일하는 상담 현장에서 가까운 거리에서 자주 접하는 선배 상담사를 롤모델로 정하는 경우도 많습니다. 그리고 자신이 지향하는 심리상담 이론을 토대로, 해당 이론에 기초한 여러 기법을 사용하며 현장에서 심리상담을 하고 있는 선배 상담사도 또한 롤모델이 될 수 있습니다.

제 개인적인 경험으로는 교육 분석을 해 주신 심리상담사 선생님을 롤모델로 삼게 되었습니다. 교육 분석 과정 중 상담자와 내담자로 만나는 경험을 하면서 여러 가지 심리상담사의 태도, 기법, 상담 전개 과정 등에 대해서 실시간으로 학습할 수 있기 때문에 많은 도움이 되었기 때문입니다. 롤모델로 삼고 있는 선생님에 의해 교육 분석 시간 중 내담자로서 경험한 방법들을 제가 실제로 상담을 진행하는 경우에도 적용을 하고 있습니다. 더불어, 현장에서 심리상담센터를 운영하면서 학교에서 강의를 하시고, 제자를 양성하는 모습이 제가 원하는 향후 미래의 상담사로서의 모습이기도 합니다.

3) 교육 분석

상담자는 상담에서 자기 자신을 도구로 상담을 진행하기 때문에 자기를 관리하고 갈고닦는 데에 있어서 멈춤이 없어야 합니다. 자기를 관리하는 것의 가장 기본은 자신을 잘 아는 것입니다. 평소에 자신을 잘 알고 있다고 생각하겠지만, 등잔 밑이 어둡다는 말처럼 상담사도 정작 자기 자신의 성격과 무의식적인 동기에 대해서 제대로 파악하지 못하는 경우가 많습니다. 그리고 평소 안정적인 상태에서는 자신에 대해 잘 알고 있다고 생각하겠지만 관계에서 상호 작용을 하거나 갈등 상황에서 튀어나오는 습관과 대처 방식들은 지극히 무의식적인 편이라 순간에 통제하기 어려운 것들입니다. 이를 확인하고 의식 수준으로 끌어올려야 스스로 조절이 가능합니다. 상담자가 상담 장면에서 자기를 잘 파악하고 있다면 상담 장면에서 상담자와 내담자 사이에 일어나는 현상들에 대해서 내담자에게 이득이 되게 활용할 수 있게 됩니다. 정신분석에서는 소위 전이 현상 및 역전이라고 부르는 현상들에 대해서 의식 수준에서 상담자와 내담자가 적극적으로 논의를 할 수 있게 되는 것이지요.

따라서 다양한 이유로 심리상담사도 다른 상담사에게 심리상담을 받습니다. 이를 '교육 분석'이라고 합니다. 교육 분석은 정신분석에서 유래한 용어로 정신분석 지향의 상담 방식을 취하지 않더라도 상담자로서 성장하는 사람들은 대부분 교육 분석을 받은 경험이 있습니다. 그만큼 보편적이고 좋은 상담자로 성장하기 위한 절차 중 하나입니다.

교육 분석을 받아야 한다고 생각하는 이유를 정리하면 다음과 같습니다. 우선, 앞에서도 언급했듯이 심리상담사는 자신에 대해 잘 알고 자신을 상담의 핵심 도구로 활용할 줄 알아야 합니다. 도구를 잘 쓰기 위해서는 매뉴얼을 숙지해야 하듯이 심리상담사는 자신을 잘 알아야 합니다. 그리고 교육 분석을 통해 주기적으로 내담자 역할을 경험하는 것입니다. 상담 전의 두려움, 상담 중 자신을 드러낼 때의 두려움, 상담 후에 카타르시스와 통찰을 경험하는 것 등을 직접 몸으로 체득하는 것이 초임 심리상담사에는 상당한 도움이 되는 과정이라 생각합니다.

4) 공개사례발표 등 사례회의 꾸준히 참가하기

자격 요건을 채우기 위한 것과 별개로 공개사례발표회와 같은 사례회의를 자주 참가하는 것은 상담심리사 실무에서 중요합니다. 자신이 접하는 사례와 다른 유형의 문제를 겪고 있는 내담자들에 대해 간접 경험할 수 있고, 다른 심리상담사의 상담 접근 방법을 알 수 있고 수퍼비전 과정도 볼 수 있기 때문입니다. 바쁜 직장 생활에서 주기적으로 참여하는 공개사례발표회는 심리상담이란 전문 영역에 집중할 수 있는 오아시스 같은 경험이 될 것이며 같이 참가하는 발표자, 수퍼바이저, 참관자들과의 교류를 통하여 유대하고 지지 받는 느낌도 경험하곤 합니다.

5) 상담 분야 특기 개발을 위한 지식 및 경험 더하기

상담심리사 2급 수련 과정은 심리상담을 위한 능력을 훈련하고 자신이 상담사로서 필요한 지식과 실습을 거치는 과정이라고 볼 수 있습니다. 이 기간에 자신의 상담 분야 특기를 재빨리 개발하고 강한 확신을 가지기는 쉽지 않습니다. 그렇기에 상담심리사 2급 과정이 끝나더라도 배우는 것을 게을리할 수 없고 이어지는 4년 이상 소요되는 상담심리사 1급 수련 과정이나 실무 현장에서 자신의 특기를 개발해 나가기도 합니다.

상담에서 특기라는 것은 한 가지로 정의하기에 다소 모호한 것 같습니다. 첫 번째로, 대학원과 상담심리사 수련 과정에서 지도 교수님과 수퍼바이저 선생님들에게 지도를 받으면서 점차 확립되는 자신의 주요 상담 이론을 말할 수도 있겠습니다. 예를 들어 저자의 경우 인지행동치료(CBT)라는 상담 및 심리치료 이론을 주로 상담에 활용합니다. 이를 위해 많은 책과 논문을 읽고 인지행동치료로 이미 상담을 많이 해 보신 수퍼바이저 선생님께 꾸준히 지도를 받으며, 인지행동치료 이론의 체화를 위해 인지행동치료와 관련된 워크샵에서 상담 연습을 합니다.

두 번째로, 특기는 자신의 전문 상담 분야를 말한다고도 볼 수 있습니다. 다음과 같은 전문 상담 분야를 정리할 수 있겠습니다. 청소년·성인·노인 상담, 트라우마, 중독, 군 상담, 진로, 학습, 가족 상담 등 자신의 관심사와 적성이 맞는 분야에서 꾸준히 활동하는 심리상담사들이 있습니다. 예를 들어, 청소년상담복지센터에 소속되어 그에 맞는 특성을 발전시켜 나갈 경우 자연스럽게 청소년 상담 특기를 가질 가능성이 많아집니다. 또는 도박문제관리센터에서 근무를 하게 된다면 도박 중독 문제를 주로 다루게 되는 것과 같은 원리입니다. 이처럼 오래 몸담은 직장이 심리상담사의 특기를 결정하는 것에 영향을 주기도 합니다.

갈수록 심리상담사의 수가 많아지고 있는 환경에서 특기를 가지고 있는 심리상담사가 앞으로 상담 현장에서 중요한 역할을 할 것이라 예상됩니다. 그렇기 위해 심리상담사로서의 개성과 장점을 살리기 위한 특기를 개발하는 일이 심리상담사들이 수련 과정을 끝내고 나서 고민하는 부분입니다.

6) 옅어지고 있는 정신건강과 심리상담 영역의 경계

현재까지 병원에서 심리평가를 하거나 정신과 환자 대상 심리치료는 임상심리전문가(정신건강임상심리사)가 주로 해 왔습니다. 반면 즉각적인 정신과적 개입(약물치료 등)을 요하지는 않으나, 일상 및 학업/직업상 적응에 어려움이 있거나 자기 통찰을 늘리고자 하는 일반인들은 상담심리사가 주로 만나오곤 했습니다. 정해진 것은 아니었지만, 이와 같이 암묵적으로 역할이 구분되어 발전하는 경향이 있었습니다.

그러나 최근 들어 정신과 병·의원에서 심리치료를 위해 상담심리사를 고용하는 등 전통적인 정신건강 영역과 심리상담 영역의 구분이 모호해지고 있는 추세입니다. 상담심리사 분들 중에도 MMPI나 TCI와 같이 상담 장면에서 널리 쓰이는 심리검사에 더해 다양한 검사에 대해서도 지식과 임상 경험을 갖춘 분들이 늘고 있습니다. 현장에서 상담심리사에게도 심리평가에 대한 역량이 요구되고 있습니다. 따라서 소위 '치료적 평가'의 역량을 심리상담사로서 키워야 합니다. 내담자에게 필요한 심리검사를 실시할 수 있고, 내담자의 사례 개념화를 위해 심리검사를 해석할 수 있으며 심리평가에 대한 해석상담까지의 과정을 치료적 평가로 볼 수 있습니다.

정신건강 영역에서 활동하는 심리상담사가 되기 위해서는 심리평가 뿐만 아니라 정신병리 또는 이상심리학에 대한 공부가 추가적으로 필요합니다. 대학원 과정에서 정신병리 과목을 들으시면 도움이 되겠습니다. 임상심리 전공을 하지 않으셨더라도 정신병리(이상심리학)에 대한 공부를 포기하지 않으셨으면 좋겠습니다. 심리상담사로서 만나는 내담자분 중 상당 수는 정신과적 증상을 가지고 있을 가능성이 있으며, 심리적 어려움의 기저를 이해하는 것에 큰 도움이 됩니다.

정신과 병·의원에서 심리상담을 하는 경우가 아니더라도 정신건강에 대한 이해가 반드시 있어야 됩니다. 내담자분들이 정신이 건강한지 그렇지 않은지 범주적으로 구분되는 것보다 정신건강은 차원적으로 봐야 합니다. 그래서 심리상담을 진행할 때 필요한 능력이 정신건강 정보 이해 능력(Mental health literacy)입니다. '정신건강 정보 이해 능력'이란 정신질환에 대해 인지하고 관리하며 예방에 도움을 주는 지식과 믿음입니다. 심리상담사로서 정신건강 정보 이해능력이 높아야 내가 진행하고 있는 상담에서 내담자가 겪는 사고 형태 및 내용, 감정 상태 및 기분이 정신건강 악화에서 오는 것인지 빠르게 캐치할 수 있습니다.

7) 과학적 근거에 기반한 평가 도구의 사용

APA(미국심리학회)는 근거기반실천(Evidence Based Practice)이라는 개념을 강조하고 있습니다. 그 개념은 아래의 표와 같습니다.

---

① 연구를 통해 확보된 가능한 최선의 증거를
② 임상적으로 숙련된 치료자가
③ 환자/내담자의 필요, 가치와 선호 등의 맥락을 고려하여 통합, 적용하는 의사
　결정 과정

〈APA, (2005, 2006)〉

임상심리사뿐만이 아니라 심리서비스를 제공하고자 하는 전문가들은 검증되고 연구된 심리학적 지식을 기반으로 개입을 하여야 합니다. 상담자가 심리평가에 대한 올바른 태도와 지식을 내재화하는 것은 근거에 기반한 과학적이고 타당한 심리평가 도구를 선별해 내고, 적절하게 내담자에게 사용하는 것을 가능케 합니다. 재미와 인기, 흥미만을 기준으로 검증되지 않은 도구를 내담자에게 사용하는 경우가 실제로 존재합니다. 예를 들어 혈액형 테스트를 내담자에게 사용한다면 잘못된 도구로 내담자에게 잘못된 해석과 정보를 전달하는 것입니다. 연구가 이루어지지 않았고 이론이 없는 허구의 개념으로 사람의 성격을 임의로 유형화하는 검사들도 마찬가지입니다. 검증된 심리평가 도구라 함은, 신뢰도, 타당도가 확보된 도구를 의미합니다. 대표적으로 다면적인성검사(MMPI), 웩슬러 지능검사, 벡 우울, 벡 불안검사(BDI, BAI) 등이 규준이 있는 좋은 검사의 예라고 할 수 있습니다.

표준화가 되어 있고 규준이 있는 검사를 사용한다면, 이러한 비과학적인 도구로 내담자에게 혼란을 야기하는 것을 줄일 수 있겠습니다. 직접 논문 등을 다 찾아볼 수 없는 경우 국립건강센터 정신건강R&D 사업단에서 발간한 근거기반 정신건강 평가도구(2021)에서 국내 실정상 활용 가능한 근거기반 평가도구를 제시하고 있으니 참고하면 도움이 되겠습니다.

또한 투사적 검사에도 장시간 연구가 이루어지고 경험적으로 오래 사용되어 온 검사들이 있습니다. 다만, 투사적 검사 단독 사용의 경우 한계를 명확히 내담자에게 이야기하는 것이 중요합니다. 임상심리전문가이자 정신건강임상심리사인 저자의 경험을 나누어 보자면, 간혹 정신과의 심리평가 장면에서 만난 내담자 분이 '저 이거 해 봤어요. 이거를 오른쪽으로 그리면 우울하다는 거죠?', '이거 이렇게 반응하면 화가 많은 사람이란 뜻이죠?'라고 잘못된 해석을 타 기관에서 듣고 와 자신은 이렇게 그렸으니, 이러이러하다 하고 편향적으로 생각을 하시는 분들에게 다시 설명을 해 드려야 하는 경우가 상당히 많았습니다. 심리평가에 대한 종합적이고도 과학적인 태도를 숙지하는 것은 그 누구보다도 내담자를 위해 가장 필요한 상담자의 책임이자 자세이겠습니다.

8) 4차 산업 혁명에 대한 대비

이제는 4차 산업 혁명이라는 단어가 익숙하다는 생각이 들 정도로 일상에서 기술의 도약이 피부에 와닿고 있습니다. 특히, 코로나19 감염증 확산으로 인해 일상에 비대면 서비스들이 증가함에 따라 비대면 심리상담 역시 우리에게 아주 가까이 다가왔습니다.

• 비대면 심리상담
몇 년 전부터 네이버와 같은 민간 기업 위주로 심리상담사들을 활용한 채팅상담과 정신건강 관리 어플리케이션들이 꾸준히 개발되어 왔습니다. 그러나 몇 년 전까지는 오프라인 개인상담 또는 집단상담이 심리상담의 중심이며 채팅상담과 같은 비대면 상담은 가능성이 있는 대체 자원으로서의 심리상담이라고 치부되어 온 경향이 있습니다.

코로나19 확산으로 ZOOM 클라우드 미팅과 같은 프로그램의 사용이 보편화되어 교육계에 화상 교육이 빠르게 전파되었으며 심리상담의 영역에서도 ZOOM 또는 GOOGLE MEET과 같은 화상상담이 가능한 플랫폼이 대중들에게 친근하게 사용되고 있습니다. 이전에 지속되어 온 채팅상담뿐만 아니라 개인심리상담, 심지어 집단상담도 온라인으로 진행되고 있으며, MMPI와 같은 자기 보고식 심리검사의 경우 비대면으로 진행할 수 있는 방안이 고안되어 상용화가 되었습니다. 물리적 제약을 넘어서서 접근성이 좋아졌지만, 실제로 이용자 개인정보 수집과 관련한 집단소송 사건들을 뉴스에서 볼 수 있듯이 온라인 플랫폼의 개인정보 보호의 윤리 문제나 서비스 품질의 문제도 대두되고 있습니다.

* 인공지능 활용 상담(챗봇)에 대한 개발 및 개발 과정에서 심리자문가의 역할

기본적으로 심리상담사들은 문과 출신인 경우가 많습니다. 그래서 대학원 과정 중 통계나 연구법에서 낯설다고 느끼고 사람에 따라서는 고통스러운 시간을 보내곤 합니다. 그래서 기술과 관련한 영역을 멀

리하고 싶어하는 분들도 계십니다. 인공지능 분야 중 심리상담사들이 많이 개입할 수 있는 영역이 챗봇 구축인 것 같습니다. 챗봇이 무엇인지는 대부분 경험을 통해 알고 있을 것입니다. 외국에서는 챗봇을 통한 정신건강 또는 심리상담이 이미 진행이 되고 있습니다. 인지행동치료 기반의 챗봇인 'Woebot', 마음 챙김 명상 기반의 챗봇인 'Wysa'가 대표적입니다. 저의 경우에도 소속 기관에서 챗봇 개발 실무자로 참여를 한 적이 있습니다. 이 과정에서 느낀점은 상담 챗봇 개발을 위해 개발자들의 능력이 필요하지만 상담 챗봇 기획자로서 심리상담사의 주도성입니다.

우리나라도 진행 속도가 느리기는 하지만 점차 심리상담 챗봇이 개발될 것으로 보입니다. 이러한 과정에서 심리상담사들이 관여할 수 있는 부분들이 있습니다. 챗봇 개발자들은 기술적인 부분에서 뛰어나지만 심리학적, 임상적 경험과 이론을 토대로 챗봇을 치료적 방식으로 적절히 구현할 수 있게 하는 데에 부족함이 있을 수 있습니다. 이 개발 과정에서 자문을 비롯한 상당한 역할을 심리상담사들이 할 수 있다고 생각합니다. 단순히 개발 과정에만 일시적으로 고용되거나, 대형 기업 플랫폼에 고용되는 심리상담사의 역할을 뛰어 넘어, 심리상담사 자신의 전문성을 가지고, 자신의 주도적인 치료 장면 안에서 새로운 기술을 이용하되 주도권을 잃지 말고 상담치료의 품 안으로 가져와야 한다고 생각합니다.

chapter 6

현직 심리상담사 인터뷰

1

대학상담센터에서 근무하는 심리상담사

Q. 자기소개를 간단히 해 주세요.

안녕하세요. 저는 학부는 상담학과를 졸업하고 대학원은 일반대학원 상담심리전공으로 졸업했어요. 자대에 있는 학생생활상담센터에 인턴 상담원으로 1년을 보낸 후 현재는 이어서 상담원으로 근무하고 있어요. 보유 자격은 청소년상담사 2급, 임상심리사 2급, 상담심리사 2급입니다.

Q. 상담심리사 자격을 취득하기까지 힘들었던 점은 없는지? 수련 과정 중 워라벨은?

대학교에 소속되어 대학생들을 대상으로 하는 상담을 전문적으로 하고 싶었기에 전문성에 대한 고민이 많았어요. 보통 학생생활상담센터는 대부분 학부에서 심리학을 전공하고 대학원은 교육학과 또는 심리학과 일반대학원에서 상담심리 전공으로 석사 학위를 취득한 상담사를 인턴 상담원으로 뽑아요. 학점 관리를 열심히 하고 대학원 과정 중에 학생생활상담센터에서 하는 프로그램이나 워크숍에 자주 참가했어요. 그래서 졸업하자마자 선발 과정을 거쳐 자대 학생생활상담센터로 갈 수 있었습니다. 인턴 상담원으로 개인심리상담, 집단심리상담, 심리검사 등 상담심리사 2급 수련에 필요한 수련 조건을 채우기는 상당히 유리한 조건이었어요. 다만 페이가 넉넉하지 않은 반면 상담과 행정 업무가 많아서 좀 지치고 경제적으로도 넉넉하지는 않았어요. 그리고 대학생 외에 다른 내담자들을 만나 보지 못한 게 좀 아쉽기도 하구요.

Q. 현재는 어떻게 일하고 있나요? 생각했던 삶대로 살고 있나요?

원하던 대로 학생생활상담센터에서 심리상담사로 근무하고 있어요. 대학생들을 상담하면서 저도 배우는 게 많고 제 역량이 아직 부족함에도 상담이 끝나면 자신의 상태가 좋아졌고 문제가 많이 해결되었다고 편지를 써 주는 학생들에게 감동을 받은 적이 많아요. 학생생활상담센터 근무는 만족스럽지만 페이와 계약 조건이 불안정해요. 제가 있는 곳의 세전 월급이 200만 원 정도 되어요. 세금 떼고 나면 얼마 안되어요. 계속해서 1급 수련을 받고 있기에 수퍼비전비가 많이 들어가요. 다행히 부모님 집에서 지내서 저금을 조금씩은 할 수 있는건 다행이에요. 그리고 보통 계약을 1년 단위로 갱신해서 2년까지 할 수 있어요. 지금이 2년차인데, 타학교 학생생활상담센터로 옮길지 아니면 청소년 기관과 같은 다른 영역으로 시작해야 하는지 점점 고민을 하고 있어요. 업무가 마음에 들어서 계속 학생생활상담센터에 남고 싶은 마음은 있습니다.

Q. 심리상담사를 꿈꾸는 사람에게 조언을 해 준다면?

저는 고등학교 때부터 상담가로서의 진로를 빠르게 정한 편이라 정말 순리에 따르는 것처럼 어느새 길을 가다 보니 심리상담사가 되었어요. 가끔 그런 상상을 해요. 내가 다른 직업을 했다면 어땠을까? 이 직업에 만족감은 있지만 가 보지 않은 길에 대한 궁금증과 갈증이 있잖아요. 상담 진로에 발을 들여놓기 전에 다양한 많은 경험을 해 보기를 추천드려요.

2

청소년 기관에서 근무하는 심리상담사

Q. 자기소개를 간단히 해 주세요.

안녕하세요. 저는 심리학과 학부를 나오고 바로 심리학과 일반대학원 상담심리 전공 석사 과정을 졸업하고 현재 청소년상담복지센터에서 팀원으로 근무하고 있습니다. 보유 자격은 청소년 상담사 2급, 상담심리사 2급입니다.

Q. 심리상담사가 되고자 한 이유는?

중·고등학교 때 집안에서 경제적인 형편도 안 좋고 위축되어 지냈던 것 같아요. 혼자 지내는 시간이 많아서인지 저 자신에 대해 스스로 돌아보는 시간이 많았고 어떤 일을 하면 보람이 있고 생산적일까에 대해 고민하다가 심리상담이라는 분야를 알게 되었어요. 그래서 저와 비슷했던 청소년들에게 도움을 주는 심리상담사가 되고 싶어 이 분야를 계속 하고 있습니다.

Q. 현재 일하고 있는 기관에서의 수입은?

다행히 대학원을 졸업하고 바로 청소년 기관 팀원으로 입사할 수 있었어요. 보통 청소년 기관은 1호봉부터 시작하는데, 연봉이 2400만 원이 채 안 되는 것 같아요. 그래도 청소년 상담을 계속할 수 있고 안정적으로 급여가 나와 수련을 병행하고 있는 상태에서 상담심리사 수련 과정을 계속할 수 있었던 것 같아요. 제가 일하고 있는 청소년 기관의 복지 중 하나로 1년 중 상담수퍼비전 2회 및 공개사례발표 1회에 한해서 수퍼비전비를 지원해 주거나 저희 기관으로 수퍼바이저 선생님을 초청해서 수퍼비전 및 공개사례발표를 진행하고 있어요. 공개사례발표 같은 경우 상당한 비용이 발생하는데 청소년 기관 팀원으로서 받는 복지라고 생각하고 감사히 회사에 다니고 있습니다.

Q. 워라벨은?

매주 야근을 하지는 않지만 맡은 사업과 청소년 기관의 연간 계획에 따라 야근하는 날이 더 많은 기간들이 있어요. 예를 들어, 학생들 방학 기간은 보통 청소년 기관마다 캠프를 운영하여 집에 가지 못하고 밖에서 아이들과 함께 숙박을 하는 경우도 있죠. 그런 것 외에는 대부분 6시 칼퇴를 지켜 주려고 하고 있고 요새 정부나 지자체에서 야근을 장려하지 않은 분위기로 워라벨이 준수되는 편입니다. 그렇지만 지역 및 청소년 기관마다 근무 분위기와 업무의 양이 다르기 때문에 지원하고자 하는 기관이 있다면 여러 가지로 정보를 얻고 입사를 지원하시는 게 좋으실 거에요.

Q. 현재는 어떻게 일하고 있나요? 생각했던 삶대로 살고 있나요?

급여적인 부분은 매년 호봉 상승을 통해서 조금씩은 올라가기 때문에 어느 정도는 만족하고 있어요. 다만 팀원으로서 맡은 사업이 있고 예산 사용과 행정 업무 등으로 심리상담에 많은 신경을 못 쓰는 부분이 생겨요. 제가 일주일에 최대 상담 3개 사례를 진행하고 있는데, 어떤 기간에는 맡은 사업이 너무 바빠서 이 사례들을 진행하기에도 버겁게 느껴질 때가 있어요. 지금은 바쁘게 지내다 보니 예전에 한가했던 때가 그립기도 합니다. 그리고 집단상담에 관심이 많은데 현재 일하는 청소년 기관에서는 집단상담을 하기 어려운 구조이기도 합니다. 기관 특색을 좀 타는 것 같아요. 그래도 관심 있던 영역인 청소년 상담을 하고 있어 만족스러운 부분이 더 큽니다. 지금은 상담심리사 2급을 취득하고 1급 수련을 계속하고 있습니다. 그 과정이 최소 4년이 걸리기 때문에 마라톤이라고 생각하고 제 자신의 라이프스타일을 잘 구축하려고 하고 있어요. 상담심리사의 정체성을 잘 유지하는 게 올해의 목표입니다.

Q. 심리상담사를 꿈꾸는 사람에게 조언을 해 준다면?

돌아보면 팀원으로 취직하기 전까지가 심리상담만 신경쓰고 살 수 있는 기간이었던 것 같아요. 돈 걱정은 있었지만 심리상담에 대해서 배워 나가고 주변에 나이대나 경험이 비슷한 동료들이 항상 있어서 당연하게 생각했지만 지금 돌아보면 좋았던 시절이었던 것 같아요. 심리상담 분야에 있다보면 안정성과 심리상담사로서 역량 강화라는 가치관이 충돌하는 경험을 자주 해요. 저는 아무래도 안정성을 무시 못하는 편이에요. 상담심리사 1급까지는 가야할 길이 많기 때문에 호흡을 길게 잡고 자신의 삶을 잘 챙기면서 지내려 합니다.

chapter 7

심리상담 서비스
이용자들을 위한 꿀팁

1

상담기관 및 심리상담사 선택 기준 가이드

최근 심리상담을 받고 싶은데 어떤 심리상담사에게 심리상담을 받아야 하는지 혼란스러워하는 분들이 많습니다. 여기서 경험을 살려 도움이 될만한 가이드라인을 써 보겠습니다.

> 1. 심리상담 관련 분야(심리학, 교육학, 심리치료전공 등) 석사 학위 취득자
> 2. 상담심리사, 정신건강임상심리사, 임상심리전문가, 전문상담사 자격 보유자

상담 관련 전공 학위를 취득하고, 1~3년간의 상담 수련 과정을 거치는 조건을 만족하는 심리상담사라면 내담자 분들에게 직접 비용을 받는 유료 심리상담을 행할 수 있다고 여겨집니다. 그렇다고 해도 이는 최소 기준이라고 생각합니다. 전문상담교사의 경우에는 수련 과정을 거치지 않아 위의 표에 포함하지는 않았는데 유료 심리상담을 하는 경우가 많지 않으나 학교 상담 장면에서는 전문성을 발휘할 수 있을 것

으로 보입니다.

　심리상담사와 내담자의 스타일이 맞는 것이 중요하고 자격증 취득 이후 심리상담사의 자기 역량 개발 수준에도 차이가 있어 해당 심리상 담사의 교육 훈련 및 경력, 학위 과정을 꼼꼼히 체크해 보면 좋겠습니 다. 기본적으로 저는 심리상담 첫 회기에 전문 자격과 학위 및 상담 경 력을 공개하는 편입니다. 상담 관련 학회 윤리규정에서도 심리상담사 는 자신의 전문성에 대해 내담자에게 설명을 해야 한다는 조항이 있습 니다. 상담센터 홈페이지나 블로그 등을 통해서나 상담 초기 면접 장 면에서 심리상담사의 충분한 정보를 얻어 보시는 것을 권해 드립니다.

2

복지적인 측면에서의 무료 상담 기관들

1) 청소년 무료 상담 기관

저는 1년이 넘는 기간 동안 청소년 상담 기관에서 청소년 상담을 했었습니다. 지역마다 편차가 있겠지만 공공기관 소속 청소년 상담사분들도 심리상담을 위한 학위와 자격을 대부분 취득했거나 자격증 취득 과정 중 수퍼비전을 받으면서 청소년 상담을 진행하고 있습니다. 그러니 경제적 측면에 대한 고민이 있을 때는 공공기관 청소년 상담을 문의해 보셔도 좋습니다.

대표적으로 각 구 또는 각 시마다 청소년상담복지센터가 설치되어 있습니다. 청소년 연령(만 24세까지)이면 무료로 3개월 정도 10~12회기 상담을 받을 수 있으니 공공기관 청소년상담 서비스를 이용해 보세요. 또한 서울시에 한해 인터넷중독예방상담센터에서 청소년들의 인터넷·스마트폰 과다 사용과 관련한 심리상담을 무료로 받을 수도 있습니다. 청소년의 경우 학교와 관련한 무료 상담의 기회가 더 많습니다. 대부분의 학교에 설치되어 있는 위클래스에 전문 상담교사 또는 전문 상담사에게 상담을 받을 수 있습니다. 그리고 위클래스보다 좀 더 상위 기관이 위센터에서도 상담을 받을 수 있습니다. 대부분의 위센터 또는 위클래스의 경우 상담회기가 짧을 수 있기 때문에 최소 10회기 이상의 상담을 받고 싶은 경우는 위에 얘기한 청소년 전문 기관으로 상담을 문의하시는 편이 좋겠습니다.

2) 대학생 무료 상담 기관

대학생의 경우 학생생활상담센터를 이용할 수 있습니다. 4년제 및 2년제 대학을 통틀어 거의 대부분 교내에 학생생활상담센터가 설치되어 있습니다. 학생생활상담센터의 경우 전통적으로 상담심리사를 양성하는 기관으로 안정적인 상담을 받을 수 있습니다. 상담 대기 인원이 많지 않은 경우 회기 제한도 없어 대부분 상담을 받기 시작하면 20회 정도까지 받는 경우도 많아 만족감이 크다고 합니다. 다만 아쉬운 점은 대기 인원이 많기 때문에 상담을 원할 때 바로 받기 어려울 수 있다는 점이 있습니다.

3) 청년·성인 무료 상담 기관

청년층의 경우 최근 들어 심리지원과 심리상담을 받을 수 있는 기회가 늘어나고 있습니다. 2020년 8월에는 청년 대상으로 서울시 성동구에 도심권 청년마음상담소가 개소하였습니다. 공공 예산으로 진행되는 곳으로 만 19~39세의 청년을 대상으로 심리상담을 지원합니다. 서울시 청년활동지원센터의 경우에도 마음건강지원사업을 무료로 제공하고 있습니다. 서울시에 한정된 사업으로 진행되고 있으나 다른 지역에서도 이와 같은 움직임이 점차 활성화될 것으로 보입니다.

2020년 이후 청년 정책의 강화로 공공기관에서의 청년 대상 심리상담 제공이 늘었지만 개인적으로 생각할 때 사설상담센터에 근무하는 실력이 좋은 심리상담사 선생님들이 정책적으로 활용이 잘 되지 않는 면이 있다고 생각했습니다. 다행히 2020년부터 '보건복지부 청년심리지원 서비스'의 일환으로 사설상담센터와 청년층의 연결이 활성화되고 있습니다. 청년심리지원서비스의 경우 거주하고 있는 동주민센터에 신청할 경우 각 동에서 선정된 사설상담센터에서 24회기 정도의 개인상담을 받을 수 있는 바우처 형식입니다. 이러한 기회들이 많이 늘어야 된다고 생각하는 찰나에 좋은 변화라고 생각됩니다.

성인의 경우 대표적으로 각 구 또는 시에 설치되어 있는 건강가정지원센터에서 상담을 받을 수 있습니다. 가족 치료의 관점에서 상담을 진행하는 것으로 알고 있습니다. 상담 신청 후 대기 기간이 긴 것이 단점입니다. 직장인의 경우에는 EAP 상담을 이용할 수 있습니다. EAP란, 근로자복지프로그램의 줄임말입니다. 500명 이상 기업에서는 사내에서 EAP를 받을 수 있고, 그 이하 인원 기업에서는 EAP 외부 협약기관 또는 상담센터를 통하여 상담 지원을 받을 수 있습니다. 근로복지넷(www.workdream.net)에 가입 후 온라인 또는 오프라인으로 신청할 수 있습니다. 서울시의 경우 심리지원센터에서 서울 시민 또는 서울시 직장 소재자에 한해 무료 상담을 신청할 수 있습니다.

최근 들어 정신건강 관련 무료상담기관이 늘고 있습니다. 중독 문제에 관해서는 도박문제관리센터, 중독통합관리지원센터에서 무료 상담을 받을 수 있습니다. 그리고 정신건강 사업을 진행하는 정신건강복지센터 내에도 최근 심리상담 사업을 진행하여 중증의 정신건강 문제가 아니어도 심리상담을 받을 수 있는 기회가 많아지고 있습니다. 서울시의 경우, 전체 25개 구 중 일부 구에서는 보건소 또는 정신건강복지센터에서 중증정신질환을 가진 분만 아니라 구에 거주하는 주민들을 대상으로 하는 일반 심리상담을 진행하고 있으며 향후 서울시 25개 자치구에서 이러한 시도를 더 확장할 것으로 전망하고 있습니다. 범죄 피해의 경우 법무부가 관리하고 있는 스마일센터에서 상담 지원을 받을 수 있습니다. 좀 더 세부적으로 가정 폭력 피해의 경우 전국에 설치되어 있는 가정 폭력 상담소에서, 성폭력에 의한 피해의 경우 해바라기센터에서 도움을 받을 수 있습니다.

　무료 상담의 경우, 유료 상담에 비해 대기 기간이 길고, 기관의 관리를 받는다는 점에서 회기나 프로그램 구성의 자유도가 크지 않고, 내담자가 원하는 자격증을 소유하고 있는 심리상담사를 선택할 수 없다는 단점이 있으나 개인이 위기 상황에 처했거나 금전적인 여유가 없을 경우에 도움을 받을 수 있다는 점에서 복지적인 측면이 강합니다. 심리상담에 대해 확신이 없을 경우, 무료 상담을 먼저 받아 본 후 유료 상담 기관을 통해 자신이 원하는 스타일의 심리상담사를 선택하여 상담을 받는 것을 권합니다.

3

심리상담 자격증 및 심리학 관련 강의 효과적으로 선택하기

심리학 전공자가 아니더라도 요새는 심리학과 심리상담에 관심을 가지는 분들이 참 많아 보입니다. 이를 증명하듯 다양한 교육과 기관들이 있습니다. 저의 경우에도 다양한 유료, 무료 교육을 받기 위해 시간과 비용을 들인 경험이 있습니다. 현재까지도 도움이 되는 워크샵이 있는 반면 비용과 시간이 아깝다고 느꼈던 교육도 기억에 납니다. 저자의 경험에 비춰 심리 관련 교육을 효과적으로 선택할 수 있는 팁을 제공하고자 합니다.

1) 단시간 교육을 들으면 자격증이 나와서 심리상담사가 될 수 있다?

우리나라 민간자격법상 상담센터에서 상담 관련 자격증을 발급하는 큰 제한이 없기에, 단기간 수업을 듣고 취득하는 민간자격증으로 심리상담을 시작할 수 있다고 자격에 대한 과장과 근거 없는 홍보를 하기도 합니다. 자격이라 함은 전문성을 증명할 수 있어야 하고, 그 근간이 되는 이론적 배경이 타당해야 합니다. 비전공자, 비전문가가 검증되지 않은 이론을 토대로, 심리학 입문 초기에 무언가라도 배우고 싶은 초심자의 불안한 마음을 자극해 효용 없는 자격증을 남발하고 있는 안타까운 실정입니다.

저도 심리학에 발을 처음 내딛었던 시절, 학문적 이론이 명확하지 않은 교육을 들어 본 적이 있는데요, 그때 취득한 자격증은 정말 쓸모 없었고 오히려 대학원 진학을 위한 서류 제출 과정에서 관련 상담자격증으로 제출했었는데, 대학원 면접에서 교수님들에게 이러한 자격증을 제출한 것에 대해 좋지 않은 피드백을 받은 적도 있습니다. 아마 교수님들도 초심자가 이러한 비전문 민간자격에 시간과 돈을 쏟는 것이 안타까워서 그냥 지나치지 못했던 것이라 생각합니다. 저도 오랜 기간 동안 좋은 교수님들, 좋은 감독자 선생님들께 교육을 받고 전문적인 자격들을 취득해 실무자로 일하며 당시 교수님들과 마찬가지의 감정을 느끼게 되었습니다.

현장에서 심리상담을 실시할 수 있는 검증된 자격증들은 이전 챕터들에서 충분히 서술하였습니다. 이 외에도 유용한 전문적인 자격들이나 교육들이 있을 수 있겠는데요, 주로 충분한 실습 기간과 이론적 배경, 교육, 체계가 확보되어 있다는 특징이 있습니다. 교육을 실시하는 주체가 전문가인지 확인을 하는 것이 가장 우선이고, 커리큘럼을 자세히 파악하는 것이 양질의 교육을 선택하는 것에 도움이 되겠습니다.

2) 막연한 나중을 위해서보다는 지금 필요한 교육을 듣자

임상 및 상담종사자들은 자격증을 취득하기 위해 마치 포트폴리오 채우는 것처럼 교육을 들으러 다녀야 하는 숙명을 지니고 살아가고 있습니다. 저자도 부지런히 열심히 교육과 지도를 받았고 현재까지도 받고 있습니다. 대학원 기간에 특히 열정도 크고 욕심도 많아서 나중에 필요할지도 모르는 교육도 듣고 다녔는데 지금 생각해 보면 '언젠가 이 지식이 필요하게 될지도 모른다.'는 불안함으로 들었던 교육도 꽤 많았던 것 같습니다. 그 경험으로부터 얻은 점은 교육을 선택할 때 제가 향후 1~2년 이내에 만날 내담자나 서비스 수혜자들에게 도움이 될 수 있는 교육이라고 생각되는지 먼저 고민해 보거나 앞으로도 계속 발전하고 싶은 분야나 주제에 대한 교육인지 고민해 보는 것이었습니다. 이에 부합을 한다면, 장기적인 투자라고 생각해도 괜찮을 것 같지만 그러한 고민의 과정 없이 주변에서 괜찮다고 하거나 그냥 이름이 유명한 강사를 쫓아다니는 것은 개인적으로는 만족도가 아주 크지는 않았던 기억으로 남아 있습니다. 임상 및 상담 현장은 체험으로 배우는 게 다른 분야보다 훨씬 더 크다고 생각합니다. 그래서 내담자 체험이든 상담자 경험이든 최대한 겪어 보고 전문가 선생님들께 수퍼비전을 받는 것이 더 생생하게 자신의 역량을 키우고 보람을 느끼는 방법입니다.

3) 검증되지 않은 서적과 교육

정말 강조하고 싶은 내용입니다. 많은 분들이 자신의 과거 심리적 상처와 현재 어려움들이 있으나 상황적으로 구조화된 상담 장면이나 정신과를 찾기 어려워 서적이나 교육 등으로 정서적 어려움을 해결하려 하는 경우가 있습니다. 서적의 경우, 요새 일반 대중서로 나온 책 중에 위로의 말을 건네고 힐링을 주제로 하는 책이 많기 때문에 실제로 그런 책들을 보면서 위안을 삼기도 하고 삶을 살아가는 데 도움이 되는 부분도 있습니다. 그러나 치료적 시각에서 작성되어 있지 않은 책들의 비율이 높기 때문에, 이를 맹신할 경우 잘못된 대처 방법을 연습하며 합리화하거나 문제를 고착화시켜 나갈 수 있습니다. 따라서 치료적 개입은 전문가에게 받는 것이 권장할 만하겠습니다. 교육도 마찬가지입니다. '심리' 교육이라고 부르기 어려운 활동에 '심리'라는 이름을 붙이거나 재미를 우선시하는 검증되지 않은 이론의 심리학 관련 교육 또는 워크샵이 있습니다. 여기에 참가했던 참가자들은 심리학에 대한 잘못된 지식이나 편견이 생기기도 합니다. 검증되지 않은 교육 대신 실제 상담을 추천하고 싶은 이유입니다.

심리상담사가 되는 과정에서의 소회와 취득한 배경 지식을 허심탄회하게 이 책에 풀어 냈습니다.

혼자 준비하면 막막하고 불안하지만, 동행하고 이끌어 줄 누군가가 있다면 든든해집니다.

이 책의 내용을 통해, 혼자서 외로이 헤매고 고군분투하고 있던 많은 분들이 시행착오를 줄이고 심리상담 진로로 나아감에 있어 자신감과 희망을 가졌으면 합니다. 감사합니다.

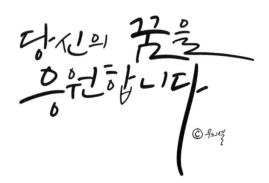

부록

A. 전국 전체 심리학과 리스트

수도권 주요 대학 심리학과	가톨릭대학교 심리학전공 강원대학교 심리학전공 고려대학교 심리학과 광운대학교 산업심리학과 단국대학교 상담학과 단국대학교 심리치료학과 덕성여자대학교 심리학과 명지대학교 심리치료학과 부산대학교 심리학과 삼육대학교 상담심리학과 서강대학교 심리학전공	서울대학교 심리학과 성균관대학교 심리학과 성신여자대학교 심리학과 숙명여자대학교 사회심리학과 아주대학교 심리학과 연세대학교 심리학과 이화여자대학교 심리학과 인하대학교 아동심리학과 중앙대학교 심리학과 한림대학교 심리학과
그 외 전국 심리학과	건양대학교 심리상담치료학과 건양사이버대학교 상담심리학과 경남대학교 심리학과 경북대학교 심리학과 경상대학교 심리학과 경성대학교 심리학과 경일대학교 심리치료학과 (인문계열) 경희사이버대학교 상담심리학과 계명대학교 심리학과 고려사이버대학교 상담심리학과 광주대학교 심리학과 광주여자대학교 상담심리학과 국제사이버대학교 상담심리학과 국제사이버대학교 특수상담치료 학과	글로벌사이버대학교 뇌기반감정 코칭학과 글로벌사이버대학교 상담심리학과 김천대학교 상담심리치료학과 나사렛대학교 심리재활학전공 대구가톨릭대학교 심리학과 대구대학교 심리학과 대구사이버대학교 미술치료학과 대구사이버대학교 상담심리학과 대구예술대학교 예술치료전공 대구한의대학교 미술치료학과 (자연) 대구한의대학교 상담심리학과 대신대학교 상담영어학부 대전대학교 산업·광고심리학과

B. 전국 학생생활상담센터 설치 대학교

서울	한국체육대학교 숭의여자대학교 동양미래대학교 성균관대학교 덕성여자대학교 고려사이버대학교 KC대학교 건국대학교 삼육대학교 중앙대학교 한양여자대학교 추계예술대학교 서울과학기술대학교 한양사이버대학교 삼육보건대학교 한성대학교 동덕여자대학교 인덕대학교 한국외국어대학교 성공회대학교	이화여자대학교 명지전문대학 세종대학교 동국대학교 한국성서대학교 홍익대학교 명지대학교 연세대학교 서강대학교 숙명여자대학교 광운대학교 숭실대학교 국민대학교 성신여자대학교 한양대학교 서일대학교 한국방송통신대학교 서울대학교 고려대학교
인천	인천재능대학교 인하대학교 인천대학교 경인여자대학교 인하공업전문대학 경인교육대학교	**대전** 배재대학교 과학기술연합대학원대학교 한국과학기술원 건양대학교 한국영상대학교 을지대학교 목원대학교 대전보건대학교

			한밭대학교
			대전대학교
			한남대학교
			우송대학교
광주	호남대학교 조선간호대학교 동강대학교 서영대학교 광주과학기술원 남부대학교 광주여자대학교 광주대학교 송원대학교 기독간호대학교 조선대학교	대구	대구보건대학교 대구경북과학기술원 대구공업대학교 계명대학교 경북대학교 영진전문대학교 대구교육대학교 대구과학대학교 영남이공대학교 수성대학교 계명문화대학교
부산	부산경상대학교 동의과학대학교 고신대학교의과대학 동주대학교 신라대학교 경남정보대학교 부산여자대학교 동서대학교 부산과학기술대학교 경성대학교 부경대학교 동의대학교 부산외국어대학교 부산가톨릭대학교	울산	울산과학대학교 울산대학교 울산과학기술원

	동명대학교		
	동아대학교		
	부산교육대학교		
	고신대학교		
	부산대학교		
경기	청강문화산업대학교		수원대학교
	경희대학교(국제캠)		서정대학교
	유한대학교		성결대학교
	한국외국어대학교(글로벌)		강남대학교
	동서울대학교		오산대학교
	용인송담대학교		차의과학대학교
	장안대학교		경기대학교
	여주대학교		한국산업기술대학교
	농협대학교		수원여자대학교
	경기과학기술대학교		동남보건대학
	아주대학교		한국항공대학교
	수원과학대학교		안양대학교
	대진대학교		신학대학교
	두원공과대학교		경민대학교
	동원대학교		서울예술대학교
	부천대학교		용인대학교
	대림대학교		한양대학교(ERICA)
	서울신학대학교		김포대학교
	가톨릭대학교		한경대학교
	한세대학교		
강원	한라대학교	**충남**	호서대학교
	세경대학		세한대학교
	강원도립대학교		신성대학교
	송곡대학교		충남도립대학교

		남서울대학교
		연암대학교
		한국기술교육대학교
	경동대학교	중부대학교
	상지대학교	상명대학교
	송호대학교	청운대학교
	강릉영동대학교	백석대학교
	가톨릭관동대학교	단국대학교
	한림대학교	한서대학교
	강원대학교	나사렛대학교
		공주대학교
		순천향대학교
		선문대학교
	충북대학교	동국대학교 경주캠퍼스
	청주대학교	경주대학교
	꽃동네대학교	경일대학교
	대원대학교	안동대학교
	충북보건과학대학교	한동대학교
	중원대학교	경운대학교
충	청주교육대학교	가톨릭상지대학교
북	세명대학교	구미대학교
	강동대학교	금오공과대학교
	서원대학교	선린대학교
	한국교통대학교	동양대학교
	유원대학교	문경대학교
	충청대학교	대구대학교
	극동대학교	대구가톨릭대학교
		호산대학교
		포항대학교

충북 / 경북

			포항공과대학교 위덕대학교 영남대학교 대구한의대학교
경 남	연암공과대학교 마산대학교 창원문성대학 진주교육대학교 창원대학교 거제대학교 인제대학교 경남대학교 경남과학기술대학교 김해대학교 경상대학교 창신대학교	전 북	군산대학교 호원대학교 원광보건대학교 전주비전대학교 군산간호대학교 전주대학교 전북과학대학교 우석대학교 원광대학교 전북대학교
전 남	동신대학교 목포과학대학교 전남도립대학교 순천제일대학교 목포해양대학교 한영대학교 순천대학교 초당대학교 전남과학대학교 동아보건대학교 목포가톨릭대학교 목포대학교	제 주	제주한라대학교 제주관광대학교 제주대학교

C. 전국 설치 청소년상담복지센터

설치 지역	센터명
서울특별시	서울특별시청소년상담복지센터 구로구/노원구/양천구/영등포구/동작구/강남구/중랑구/강북구/도봉구/ 성동구/금천구/서대문구/은평구/서초구/송파구/마포구/광진구/강서구/ 관악구/동대문구/용산구/강동구/종로구/성북구
부산광역시	부산광역시청소년상담복지센터 영도구/부산진구/금정구/부산북구/해운대구/수영구
대구광역시	대구광역시청소년종합지원센터 달서구/수성구
인천광역시	인천광역시청소년상담복지센터 연수구/계양구/인천동구/인천남구/인천서구/부평구/남동구/중구
광주광역시	광주광역시청소년상담복지센터 광주광산구/북구/남구/서구
대전광역시	대전광역시청소년상담복지센터 대전 서구
울산광역시	울산광역시청소년상담복지센터 울산 동구/울산 북구/울산 남구/울주군
경기도	경기도청소년상담복지센터 성남시/의정부시/안양시/부천시/광명시/평택시/동두천시/안산시/고양시/구리시/남양주시/오산시/시흥시/하남시/군포시/의왕시/용인시/파주시/이천시/안성시/김포시/양주시/여주군/화성시/광주시/연천군/가평군/양평군/포천시/과천시/수원시
강원도	강원도청소년상담복지센터 강릉시/원주시/철원군/영월군/속초시/정선군/동해시/태백시/홍천군

충청북도	충청북도청소년종합지원센터 청주시/충주시/제천시/단양군/청원군/영동군/음성군/보은군/옥천군/증평군/진천군/괴산군
충청남도	충청남도청소년상담복지센터 공주시/금산군/논산시/당진시/보령시/부여군/서산시/서천군/아산시/예산군/청양군/태안군/홍성군/계룡시/천안시
전라북도	전라북도청소년상담복지센터 전주시/군산시/익산시/정읍시/남원시/김제시/완주군/진안군/무주군/장수군/임실군/순창군/고창군/부안군
전라남도	전라남도청소년미래재단 나주시/목포시/여수시/해남군/장흥군/진도군/순천시/완도군/광양시/영광군/화순군/영암군/고흥군/보성군/강진군/담양군/무안군/장성군/곡성군/함평군/구례군/신안군
경상북도	경상북도청소년지원센터 경산시/경주시/영주시/영천시/포항시/김천시/구미시/문경시/상주시/울진군/청송군/칠곡군/청도군/예천군/의성군/성주군/안동시
경상남도	경상남도청소년종합지원본부 거제시/거창군/고성군/김해시/남해군/창원시/마산밀양시/사천시/산청군/양산시/의령군/진주시/창원시진해/창녕군/창원시창원/통영시/하동군/함안군/함양군/합천군
제주도	제주특별자치도청소년상담복지센터 제주시/서귀포시
세종 특별자치시	세종특별자치시청소년상담복지센터

D. 전국 설치 정신건강복지센터

설치 지역	센터명
서울특별시	서울시정신건강복지센터 강남구/강동구/강북구/강서구/관악구/광진구/구로구/금천구/노원구/도봉구/동작구/동대문구/마포구/서대문구/서초구/성동구/성북구/송파구/양천구/영등포구/용산구/은평구/종로구/중구/중랑구
부산광역시	부산광역정신건강복지센터 강서구/금정구/기장군/남구/동구/동래구/북구/사상구/사하구/서구/수영구/연제구/영도구/중구/진구/해운대구
대구광역시	대구광역정신건강복지센터 남구/달서구/달성군/동구/북구/서구/수성구/중구
인천광역시	인천광역정신건강복지센터 강화군/계양구/남동구/동구/미추홀구/부평/삼산/서구/연수구/중구
광주광역시	광주광역정신건강복지센터 광산구/남구/동구/북구/서구
대전광역시	대전광역정신건강복지센터 대덕구/동구/서구/유성구/중구/세종시
울산광역시	울산광역정신건강복지센터 남구/동구/북구/울주군/중구
경기도	경기도광역정신건강복지센터 가평군/고양시/고양시(아동청소년)/과천시/광명시/광주시/구리시/군포시/김포시/남양주시/동두천시/부천시/성남시/성남시(소아청소년)/수원시(노인)/수원시(아동청소년)/수원시/시흥시/안산시/안성시/안양시/양주시/양평군/여주군/연천군/오산시/용인시/의왕시/의정부시/이천시/파주시/평택시/포천시/하남시/화성시

강원도	강원도광역정신건강복지센터 강릉시/고성군/동해시/삼척시/속초시/양구군/양양군/영월군/원주시/인제군/정선군/철원군/춘천시/태백시/평창군/홍천군/화천군/횡성군
충청북도	충청북도광역정신건강복지센터 괴산군/단양군/보은군/영동군/옥천군/음성군/제천시/증평군/진천군/청주시상당/청주시서원/청주시청원/청주시흥덕/충주시
충청남도	충청남도광역정신건강복지센터 계룡시/공주시/금산군/논산시/당진시/보령시/부여군/서산시/서천군/아산시/예산군/천안시동남구/천안시서북구/청양군/태안군/홍성군
전라북도	전라북도광역정신건강복지센터 고창군/군산시/김제시/남원시/무주군/부안군/완주군/익산시/전주시/정읍시/진안군
전라남도	전라남도광역정신건강복지센터 강진군/고흥군/곡성군/광양시/구례군/나주시/담양군/목포시/무안군/보성군/순천시/여수시/영광군/완도군/장성군/장흥군/진도군/함평군/해남군/화순군
경상북도	경상북도광역정신건강복지센터 경산시/경주시/고령군/구미시선산/구미시/김천시/문경시/봉화군/상주시/성주군/안동시/영덕군/영양군/영주시/영천시/예천군/울진군/의성군/청도군/청송군/칠곡군/포항시남구/포항시북구
경상남도	경상남도광역정신건강복지센터 거제시/거창군/고성군/김해시/남해군/밀양시/사천시/산청군/양산시/의령군/진주시/창원시마산/창원시진해/창원시창원/창녕군/통영시/하동군/함안군/함양군/합천군
제주도	제주광역정신건강복지센터/제주시정신건강복지센터

E. 전국 설치 자살예방센터

설치 지역	센터명
서울특별시	중앙자살예방센터/서울시자살예방센터(광역) 도봉구자살예방센터/성북구자살예방센터/송파구자살예방센터
부산광역시	부산광역자살예방센터(광역)
대구광역시	대구시자살예방센터(광역)
인천광역시	인천시자살예방센터(광역) 인천 미추홀구자살예방센터
광주광역시	광주광역자살예방센터(광역)
경기도	경기도자살예방센터(광역) 가평군/광명시/부천시/성남시/수원시/시흥시/안산시/양평군/여주시/용인시/의정부시/이천시/파주시
강원도	강원도자살예방센터(광역) 춘천시/원주시/홍천군
충청남도	천안시자살예방센터